Nach Stefans Theorie bindet diese Mischung das freie Wasser zwischen den Zellen. So entweicht es beim Garen nicht. Aktivieren nennt er das und weist darauf hin, dass dies nur direkt auf dem Fleisch, jedoch nicht auf Fett oder Häutchen funktioniere, da diese das Eindringen der "Marinade" verhindern. Je nach Stärke braucht dieser Vorgang 5–30 Minuten Einwirkzeit. Danach wird das Fleisch auf dem Rost im Ofen schwebend vorgegart. Je 100 g 30 Minuten bei 50° C Umluft. Bei diesem Vorgang stockt das Eiweiß langsam und schonend und behält den Saft. Das Ganze erinnert etwas an die Sous-vide-Technik. Doch bei Stefans Methode spart der Koch den Plastikbeutel und das Vakuum nimmt keinen Einfluss auf die Struktur des Garguts. Nach dem Vorgaren ist ein "Convenience-Produkt" entstanden, das direkt nachgebraten werden kann oder lange Zeit in der Kühlung haltbar bleibt. Beim Nachbraten entweichen in der Tat keine nennenswerten Wasserschwaden mehr und das Fleisch erhält nun Röstaromen und die gewünschte Würze. Wirklich erstaunlich.

Ihr Thomas Ruhl

www.stefanmarquard.com

**iSi** Inspiring food.

# INTENSIVE AROMEN

Für Espumas, Sahne, Saucen, Suppen, Dips und Desserts.

### NEU:

iSi Professional Chargers. Maximales Aufschlagvolumen. Bis zu 20 % weniger Wareneinsatz.

VE: 20 und 42 Stück/Packung

www.isi.com/culinary.de

# DIE NEUE CHEF-SACHE
## Avantgarde Cuisine Festival

**NEUE LOCATION**
**ALTE SCHMIEDEHALLEN DÜSSELDORF**
**17. & 18.09.2017**

# REVOLUTION DES BEWÄHRTEN

**Der No. 1 Gastronomiekongress**

Wer sagt, dass man das Beste nicht noch verbessern kann?

2017 wird sensationell:

- Neue großzügige, coole Location
- Im Herzen von Deutschlands größter Metropolregion Rhein-Ruhr
- Imposantere Shows, spannendere Ausstellung
- Faszinierendes erweitertes Rahmenprogramm
- Einmalig in Deutschland: Exklusive Masterclasses mit unseren "Stars on Stage"
- Breiteres Besucherspektrum aus der Gastronomie
- Branchenoscar: Best-of-the-Best Awards im feierlichen Rahmen

**Das ist Fakt! Das ist nur CHEF-SACHE!**

- Das größte und bedeutendste Avantgarde Cuisine Festival im deutschsprachigen Raum
- Seit neun Jahren etabliert und stetig gewachsen
- Immer neue Besucherrekorde: 3.100 Pax. in 2016
- Die besten Avantgarde Chefs der Welt live & on Stage.
- Höchste Dichte an ambitionierten Köchen und Top-Chefs
- Auf keiner Veranstaltung treffen sich mehr Sterneköche
- Zudem Gastronomen, Culinary Professionals, Sommeliers, F&B Manager
- Die bedeutendste Networking Plattform im deutschsprachigen Raum
- Über 180 akkreditierte Journalisten und Blogger

Präsentiert von:

**www.chef-sache.eu**

---

Partner CHEF-SACHE 2017

★★★ Partner:

★ Partner: STAATL. FACHINGEN – Das Wasser. Seit 1742.

CHEF-SACHE Masterclass School of Wine ★★★ Partner:
SMART WINES® ÖSTERREICH WEIN Hosted by Bos Food Wine & Bar

Partner CHEF-SACHE Masterclass:

## ÖSTERREICH KOMMT

**Thomas Dorfer**
Landhaus Bacher
Mautern / Wachau

**Heinz Reitbauer**
Steirereck★★
No. 9 / 50 Best, Wien

**Koch.Campus Masterclass**
Alpine Küche

## RUSSIAN SPIRIT

**Vladimir Mukhin**
White Rabbit
No. 18 / 50 Best, Moskau

## BIG BANG

**Esben Holmboe Bang**
Maaemo★★★
Oslo

## ESSENTIALLY THAI

**Duangporn Songvisava (Bo) & Dylan Jones (Lan)**
Bo.Lan. No. 37 / 50 Best of Asia, Bangkok

## SOMEWHERE IN SHANGHAI

**Paul Pairet**
Ultraviolet★★ No. 3 / 50 Best of Asia, No. 42 / 50 Best, Shanghai

## LETS TALK

Talkrunde mit **Ralf Bos**

## JUNGE BERLINER AVANTGARDE. ENDLICH! DAS MANIFEST DER DEUTSCHEN KÜCHE.

**Sebastian Frank**
Horváth★★

**Micha Schäfer, Billy Wagner**
Nobelhart & Schmutzig★

**Andreas Rieger, Ivo Ebert**
Einsunternull★

**Spencer Christenson, Dylan Watson-Brawn, Christoph Geyler**
Restaurant Ernst – coming soon

## BOARD OF AMBASSADORS

**Thomas Bühner**
Restaurant la vie★★★
Osnabrück

**Sven Elverfeld**
Restaurant Aqua★★★
No. 63 / 100 Best, Wolfsburg

**Joachim Wissler**
Restaurant Vendôme★★★
No. 35 / 50 Best, Bergisch Gladbach

**Jeunes Restaurateurs** Deutschlands junge Spitzenköche vertreten durch ihren Präsidenten **Alexander Dressel**

to be continued

| | | |
|---|---|---|
| 001 | Editorial von **Thomas Ruhl**, Fotograf und Herausgeber: Neue Weisheiten vom (Jungen) Wilden **Stefan Marquard** | |

### Avantgarde

| | |
|---|---|
| **006** | **Avantgarde Part Thirty-Two – Jürgen Dollase über Sebastian Frank, Restaurant Horváth in Berlin** |
| 014 | Rezepte von **Sebastian Frank** Nelkenschwindlinge / Suppenfettschaum / Schinkenkaramell |
| 016 | Aubergine / Selleriekohle / Fichte |
| 020 | Grüne Tomaten / Hühnerhaut / Pilze |
| 024 | Goldforelle / Essig-Schokoladen-Rahm / geröstete Senfsaat / Kalbskopf / Rauchkohlrabi |
| 026 | Birne / Röstgemüse / Schmalz |

### Portugal

| | |
|---|---|
| **030** | **Algarve – Besuch im Fünf-Sterne-Resort Vila Vita Parc** |
| 034 | Seafood Paradise |
| 038 | Restaurant Ocean – Hans Neuner |
| 040 | Rezepte von **Hans Neuner** Pé de Burrinho |
| 044 | Gazpacho Algarve |
| 046 | Pluma "Porco Preto" |
| 048 | Adega Herdade dos Grous – Das Landgut der zwei Kraniche |

### Österreich

| | |
|---|---|
| **054** | **Alpine Winterküche – ein Koch.Campus in Osttirol Sprinzenrinder im Pustertal** |
| 056 | Das Villgratental und die Tiroler Schafe |
| 058 | Koch.Campus im Gannerhof |
| 060 | Klaus Buttenhauser über den Koch.Campus |
| 064 | Tiroler Graukäse |
| 066 | Rezept von **Josef Mühlmann** Rübenkraut Schlutzer |
| 068 | Rezept von **Thomas Dorfer** Gesäuerter Schweinskopf & geräucherte Hirncreme, Yacónwurzel, Schwarzbrotkruste, Waldviertler Kümmelmilch & Colatura di Alici |
| 070 | Rezept von **Hannes Müller** Bauch vom Weißenseer Wildfang-Schuppenkarpfen, Schweineschmalz, Had'n, Rattachmuas, Selchfond & Schnittlauch |
| 072 | Rezept von **Hubert Wallner** Rinderrücken, Zimtwurzel & Sellerie |
| 074 | Rezept von **Manuel Ressi** Gailtaler Ripperl, Süßlupine & Sauerfenchel |
| 076 | Rezept von **Josef Steffner** Schokozapfen, Flechten, Balsampappel, Preiselbeere & Fichte |
| 078 | Im Tilia von Chris Oberhammer entspannt genießen im "Lindenbaum" |

### Taste Academy

| | |
|---|---|
| **080** | **Tales of Flavor – AEG Taste Academy Vol. VII** |
| 082 | A Couple of Taste – Geschmacksvielfalt der Metropolregion Ruhrgebiet |
| 086 | Rezepte von **Heiko Antoniewicz** Flight I: Gelierter Borschtsch / Sauerrahm / Prasselkohl / Apfelessig / Livar Schwein |
| 088 | Flight II: Schellfisch / Bak Kut Teh Sud / Bohnen / Paprika |
| 090 | Flight III: Lamm / Linsen / Senfkörner / Bumbu Besengek |
| 092 | Flight IV: Geröstete Gerste / Kaffee / Malz / Rinderbug |
| 094 | Flight V: Süße Kirschtomaten / Mandeleis / Minze / Gewürzsud |

### Bar-Food-Pairing

| | |
|---|---|
| **098** | **Dinner Cocktail – Bar-Food-Pairing in Williams Bar & Kitchen, Düsseldorf** |
| 100 | Ursprüngliches von Transgourmet |
| 102 | Food & Cocktail Pairing |
| 104 | Rezepte von **Roland Rohm** und **Sandra Winters** Ceviche mit Pisco Coriander Gimlet |
| 106 | Rosa Entrecôte von der Färse aus dem Alpenvorland mit New York Sour |
| 108 | Feines vom Pützhofer Kaninchen mit S.O.C. – Sage Old Cuban |

### Dänemark

| | |
|---|---|
| **110** | **The Late Summer Universe by Rasmus Kofoed, Geranium in Kopenhagen** |
| 112 | Rezepte von **Rasmus Kofoed** Cremiges Sommergemüse mit Austern & eingelegten Holunderblüten |
| 114 | Schwertmuscheln, Mineralien & Sauerrahm |
| 116 | Wildkräuter, Lauch, geräuchertes Schweinefett & geschmolzener "Vesterhavs" Käse |
| 118 | Gegrilltes, geräuchertes und glasiertes Schweinefleisch, schwarze Johannisbeerblätter |
| 120 | "Kräuter im Wald" Waldsauerklee & Waldmeister |

### Dick-Messer

| | |
|---|---|
| **122** | **Männerspielzeug** Messer für Profis. Richtig scharf machen... |

### Miele Tafelkünstler

| | |
|---|---|
| **126** | **Die Cottbuser Kochkultur – Volker Hecht** |
| 130 | Rezepte von **Volker Hecht** Skrei / Schmandgurke / Gelbe Bete / Rote-Bete-Graupenkaviar / Meerrettichluft |
| 132 | Wildschwein-Ossobuco & Picatta vom Reh / Rotkohl-Mille-Feuille / Laugenknödel / Portweinzwiebeln |
| 134 | Quarkstrudel / Quitten-Mango-Ragout / Gewürzbrot |

### Das neue kulinarische Aphabet

| | |
|---|---|
| 136 | K wie Kapitalismus vs. Kulinarik – der letzte Mohikaner, **Ralf Bos** |

### Kornmayers Exkursion

| | |
|---|---|
| 142 | Ka-Mehl? Weizenmehl jenseits Type 405, **Evert Kornmayer** |

### Edition Port Culinaire

| | |
|---|---|
| 144 | Centre Port Culinaire, Port Culinaire Fachhändler, Vorschau No. Forty-Two Port Culinaire zum Bestellen |
| 146 | Warenkundeposter, Fashion, Impressum |
| 148 | Bücher |

### Myanmar

| | |
|---|---|
| 150 | **Colombo – Singapur Vol. II** <br> **Das kulinarische Tagebuch einer** <br> **Kreuzfahrt mit der MS Europa 2** <br> Rangun, Myanmar. <br> Das verschlossene Land. |
| 152 | Welt aus Gold – Shwedagon Pagode |
| 154 | Märkte und Garküchen in Syriam |
| 156 | Exoten in der Ye Le Pagode |
| 160 | Kapitän und Lotse |

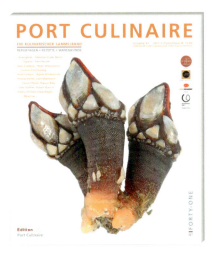

Titelfoto: Percebes (Entenmuscheln) siehe Seite 36

Dieses Werk einschließlich aller seiner Teile ist urheberrechtlich geschützt. Jede Verwertung außerhalb der Eigennutzung ist ohne Zustimmung von Port Culinaire sowie des Herausgebers Thomas Ruhl nicht erlaubt. Das gilt insbesondere für die Vervielfältigung, Übersetzung, Mikroverfilmung oder die Einspeisung ins Internet oder die Erstellung von elektronischen Medien wie CD-ROM und Video. Alle in dieser Publikation enthaltenen Angaben, Rezepte etc. wurden von den Autoren nach bestem Wissen erstellt und von ihnen und dem Verlag mit größtmöglicher Sorgfalt überprüft. Gleichwohl sind – wie wir im Sinne des Produkthaftungsrechts betonen müssen – inhaltliche Fehler nicht vollständig auszuschließen. Daher erfolgen die Angaben etc. ohne jegliche Verpflichtung oder Garantie des Verlages / der Autoren und des Herausgebers. Diese Seiten übernehmen deshalb keinerlei Verantwortung und Haftung für etwaige inhaltliche Unstimmigkeiten.

**Zwei Seelen**
Pinot Blanc und ein Hauch trockener Riesling. Exklusiv gemacht aus Nahe Wein vom Weingut Tesch nach Zunge und Nase von Port Culinaire.

Ein ordentlicher Liter: 9,90 EUR
Nur im 6er Pack zu 59,40 EUR erhältlich.
Zzgl. 6,- EUR Versand
12,0 % VOL. ALC.

## WWW.PORT-CULINAIRE.DE

**Alte Sorten – Apfel-Edelbrand**
Gewürzluike und Goldparmäne im Kastanienholz und altem Barrique gereift.

Limited Edition, limitiert/nummeriert 1/32 – 32/32
Lieferung in einer Holzkiste.

1,5 Liter Magnumflasche
138,- EUR
(92,- EUR / Liter)
42 % VOL. ALC.

# HORVÁTH

**KOCHKUNST-KRITIKER JÜRGEN DOLLASE ANALYSIERT GERICHTE WIE EIN KUNSTHISTORIKER DIE WERKE EINES GROSSEN MEISTERS.**

**Prolog: Neue Küche und alte Werte, oder warum sich die Avantgarde ganz besonders anstrengen muss**
Kreativität hatte in der traditioneller orientierten Spitzenküche eine ganz andere Bedeutung als das heute der Fall ist. Sie war und ist eine Art "eingebundene" Kreativität. Es muss im Prinzip so schmecken wie immer, darf aber eine kleine pfiffige Abweichung haben. Als irgendwann einmal die Tonkabohnen auftauchten, galt jeder Koch als Kreativkoch, der irgendwo Tonkabohnen verarbeitet hat. Oder – noch etwas früher – die "Entdeckung" des Zitronengrases oder von Fleur de Sel, das man erst kurz vor dem Servieren über Fisch oder Fleisch streut. Die Küche blieb also wie sie war und hatte ihre kleinen Abweichungen, von denen es allerdings auch nicht zu viele geben durfte. Geniale Köche, wie der mittlerweile aus gesundheitlichen Gründen leider zurückgetretene Drei-Sterne-Koch Olivier Roellinger aus Cancale in der Bretagne, hatten unter erheblicher Kritik zu leiden, weil ein kreativer Gewürzeinsatz in jedem Gericht und die Erfindung immer neuer Gewürzmischungen als zu große Abweichung von den heiligen Werten der Küche galten. Dass Roellinger so etwas mit unglaublicher Dezenz und Finesse machte, haben ja nur die mitbekommen, die auch wirklich bei ihm gegessen haben. Selbst bei den Kräutern gab es so etwas wie richtige und falsche Kräuter, und Abweichungen von der Kollektion der klassischen "herbes aromatiques" (also Rosmarin, Thymian und Co.) galten schnell als "too much". Als in Saint-Rémy-de-Provence ein Chocolatier namens Joël Durand einmal alle Aromen der Provence auch in seine Chocolats packte, galt das als völlig abwegig – obwohl die Verwendung von Schokolade selbst in herzhaften Gerichten im Süden Frankreichs eine lange Tradition hat.

Und nun stelle man sich einmal vor wie klassisch französisch orientierte Köche auf Nova-Regio-Gerichte reagieren, die aus ein paar Blättchen mit etwas Jus oder einer angerösteten Scheibe Blumenkohl mit Tannennadelrauch bestehen. Es ist ein wenig wie in Zeiten als die Beat- und Rockmusik aufkam und man so etwas für "keine Musik" hielt. Nun – viele jüngere kreative Köche von heute können natürlich mit einem solchen Vergleich gut leben und haben überhaupt nichts dagegen, dass sie "Rock'n'Roll" in der Küche machen (wo immer man da im Detail die Grenzen zieht). Aber – ganz so einfach ist die Sache nicht, vor allem deshalb, weil sie bisweilen ein ziemlich großes Körnchen Wahrheit hat. Einer unserer besten Nova-Regio-Köche schrieb mir einmal, ob man nicht mittlerweile ein neues Verständnis von kulinarischen Werten brauche, das sich deutlich von denen der traditionellen Spitzenküche unterscheidet. Zweifellos lohnt es sich, darüber einmal nachzudenken, vor allem was das Verhältnis zur Produktnähe und die Dauerwürzerei mit Salz, Pfeffer, Fonds und Co. angeht. Es gibt allerdings eine ganze Reihe von kulinarischen Grundwerten, die einfach für jede Küche gelten, weil sie in jeder Küche funktionieren. Dass gegartes Fleisch zart sein sollte, dürfte kaum umstritten sein, und dass eine abgestimmte Raffinesse im sensorischen Zusammenspiel der Elemente einer Komposition schon deshalb hochinteressant ist, weil Aromen entstehen, die sonst nicht entstehen würden, ist ebenfalls so etwas wie ein Grundwert.

Wie dem auch sei: Die kreativen Köche von heute treten gegen eine Spitzenküche an, die über ein teilweise in Jahrhunderten entstandenes Know-how verfügt. Wenn wir heute den Eindruck haben, ein Koch arbeite meisterlich, reden wir über Wissen, das seit Generationen zusammengetragen wurde. Die Nova-Regio-Köche dagegen haben weitgehend Neuland betreten. Sie arbeiten mit Produkten, die gar keine oder eine sehr geringe Historie in der Spitzenküche haben, und sie arbeiten mit neuartigen, aber auch traditionellen und manchmal sogar archaischen Kochtechniken, die in der Spitzenküche ebenfalls kaum Tradition haben. Keine Tradition zu haben bedeutet aber auch, dass noch nicht tausende von Köchen an der Verbesserung von Ideen gearbeitet haben. Ob etwas vielleicht große Perspektiven für die Zukunft hat, muss sich erst noch herausstellen. Immer dann, wenn es wirklich neu wird, fehlen zuerst einmal eine ganze Reihe von Maßstäben. Diese Situation führt natürlich auch dazu, dass die Restaurantführer teilweise nicht wissen, was sie machen sollen. Das wiederum bedeutet nicht, dass Neues immer schlechter bewertet wird. Es kann auch hier und da zu Überbewertungen kommen, weil die Freude über eine Novität qualitative Aspekte ein wenig in den Schatten stellt. Auch das sollte man nicht vergessen.

Für die kreativen Köche mit ihren vielen neuen Ideen bringt dies alles viel Arbeit, und das in einem sehr, sehr kurzen Zeitraum. Ihre Leistungen und Qualitäten

www.restaurant-horvath.de

# RAUCH

müssen evident werden, es muss also weitgehend offensichtlich sein, dass es sich um exzellente Qualitäten handelt. Die Nova-Regio-Küche ist erst seit wenigen Jahren in einer Phase, in der sie sich nicht mehr mit den bloßen Ideen zufrieden gibt, sondern in der sie merkt, dass die Ideen auch eine Optimierung und/oder Perfektionierung brauchen. Sie müssen in eine neue Dimension kommen, ihr Potential muss ausgelotet werden, sie müssen variiert werden und kritisch daraufhin überprüft werden, welche der Variationen die besten sind. Von manchen Ideen muss man sich verabschieden, weil sie keine Perspektive haben, an anderer Stelle kann man vielleicht feststellen, wo die Lücken sind, die es noch zu erforschen gibt. Man muss mehr kreativ arbeiten, mehr als alle Kochgenerationen vorher, und man muss damit rechnen, dass der Gegenwind noch eine ganze Zeit lang andauern wird. Gleichzeitig sollte man – ein ganz wichtiger Punkt – auch daran denken, ob nicht ein Bindeglied fehlt, eine Art der auch preislich zugänglicheren Gastronomie, die es gerade jüngeren Gästen möglich macht, sich einer solchen Küche zu nähern, die ja schließlich oft von Angehörigen der gleichen Altersstufe gemacht wird. Und nun kommen wir – ganz logisch und ganz selbstverständlich – zu Sebastian Frank, einem geradezu passionierten Kreativkoch, dem die Weiterentwicklung, die Optimierung, das Neue wahrlich im Blut liegen. Wie kaum ein anderer Koch vertieft er sich immer wieder in Details und Zusammenhänge, die bisher als weitgehend unentdeckt gelten können (siehe weiter hinten). Die Frage, wie ihm dies und das nun wieder einfallen konnte, stellt sich bei ihm spätestens in jedem zweiten Gang. Und – alles, was er macht ist in wunderbar schlüssiger Weise in Traditionen und ganz allgemein den assoziativen Kontext eingebunden. Es sitzt. Und das merkt man – auch schon bei den Kleinigkeiten vorweg, die bei Frank immer von bester Qualität und Originalität sind.

### Rauch und Rahm
Auch kleine Gerichte sind bei Sebastian Frank – wie bei den meisten Köchen seiner Art – im Grunde vollwertige Kompositionen. Bei "Rauch und Rahm" bekommt man sofort einen klaren Eindruck dieser Küche, einen Eindruck der Originalität, einen Eindruck einer häufig zu findenden Balance zwischen einer gewissen Cremigkeit und Säure, aber auch einen Eindruck von der detaillierten Denk- und Arbeitsweise, bei der quasi jedes Detail die Hand des Kochs erkennen lässt. Die Elemente sind Rote Bete vom Holzkohlegrill, getrocknet und zu einer Art Granulat/Erde verarbeitet, dazu geröstete Rote-Bete-Schalen, saurer Rahm mit Kümmel als Basis und gelierter Essig von Herbsttrompeten, der als Gelperle ein wenig wie eine Frucht (weiße Johannisbeere) aussieht. Dazu kommen kleine Blätter von Kapuzinerkresse. Das geschmackliche Bild ist das einer cremigen Säure, die von den Texturen aufgelockert wird. Das wichtigste aber ist der aromatische Bereich. Man kann sich die Akkorde im "Horváth" vielleicht vorstellen, wird an Ort und Stelle aber immer wieder überrascht sein, wie originell das aromatische Bild ist. Der Grund ist klar: Wenn man bei jeder Einzelzubereitung ein Stück vom Üblichen abweicht, summiert sich das zu einem individuellen, originellen Gesamtbild.

### Geröstetes
Eine Kleinigkeit von sensationeller Qualität, die vor allem mit der gebackenen Gelben Bete (vom Gemüsehof Zülz) glänzt. Sie hat die Qualitäten einer archaischen Kartoffel aus dem Kartoffelstrohfeuer und schmeckt sehr viel nussiger als man das von der frischen Bete her gewohnt ist. Dazu kommen eine Knoblauch-Gurkenwasser-Emulsion, gerösteter Blaumohn und ein gefrorener Dillblütenauszug. Der Eindruck meisterlicher Qualität stellt sich sofort ein, aber er ist auch mit der Erkenntnis verbunden, dass man sich hier in einem anderen kulinarischen Universum befindet. Dies ist die dritte Generation nach den Klassikern und den Kreativen mit mehr oder weniger klassischen Grundlagen. Dies ist eine andere Küche, eine andere Geschmacksästhetik, eine andere Form. Die Beten bekommen übrigens 45 Minuten Dämpfung, bevor sie etwa zehn Minuten frittiert werden.

# UND

# RAHM

# SELLERIE

**Sellerie "reif und jung"**

Zu den Spezialitäten der neuen Küche gehört auch, sich Produkten zu nähern, die alle Welt seit Urzeiten einsetzt. Sellerie gehört zu den Fundamentalgemüsen der klassisch-französischen Küche und ist dort auch im hochfeinen Fach zu Hause, zum Beispiel bei Selleriepürees, die ein Maximum an Sahne und Butter enthalten und sozusagen ein Ableger von Joël Robuchons Kartoffelpüree sind. Und trotzdem schafft es Sebastian Frank, hier deutlich neue Akzente zu setzen. Wir finden Cannelloni-ähnliche Gebilde von gedämpfter Knollensellerie (vom Gemüsehof Zülz), nicht nur sehr dünn geschnitten, sondern auch sehr fein im Geschmack. Dazu geröstete Selleriesaat und eine legierte Hühnerbouillon für eine milde Abrundung. Soweit die Abteilung "Sellerie jung". Dazu kommt nun als Würze ein zwölf Monate (!) im Salzteig gereifter Sellerie, der mindestens so hart wie Bottarga ist und ganz ähnlich eingesetzt wird: Man hobelt etwas über den jungen Sellerie. Der Effekt ist hervorragend, weil in der Kombination von Jung und Reif eine wunderbare Spannbreite des Selleriearomas entwickelt wird. Die Konsequenz aus einer solchen Bearbeitung kann nur sein: Alle Produkte auch zu trocknen, alle alten, ja archaischen Techniken hervorholen, mit denen der Mensch viele tausend Jahre sein Essen konserviert hat. Und was ist dann mit der Regel, dass man alle Produkte nur so frisch wie möglich verarbeiten und gerade das Gemüse am besten sogar erst unmittelbar vor der Zubereitung aus dem Garten holen sollte? Heute und vor einem solchen Hintergrund müssen wir sagen: Ja, sehr gut, bringt eine Menge. Aber es gibt auch noch Anderes, und das ist eigentlich genau so ganz natürlich. Die Nouvelle Cuisine (wo so etwas undenkbar war) war mit ihren Regeln eben doch sehr, sehr kurzsichtig, weil sie sich nicht so sehr um die Kochkunst insgesamt bemühte, sondern doch sehr auf den Kampf gegen die stark in die Jahre gekommene, traditionelle französische Küche fixiert war.

**Sebastian Frank und das Horváth: eine außergewöhnliche Entwicklung**

Sebastian Frank wurde am 6.11.1981 in Mödling in Niederösterreich geboren und scheint in seiner Kindheit und Jugend allerlei mitbekommen zu haben, was er heute noch verarbeitet. Es ist vor allem die konsequente Nutzung aller Dinge, die bei der Herstellung von Essen anfallen. Jeder Saucenrest, das Bratfett, das Kochwasser, das Einweichwasser: Alles hat Aromen abbekommen, die man einfach nicht wegwirft. Was das im Detail für seine Avantgardeküche bedeutet, kann man später verfolgen. Und trotzdem kommt Frank keineswegs aus einem besonders kulinarisch interessierten Elternhaus und hat auch keine Großmutter, die irgendwie für eine kulinarische Legende taugen würde (im Gegenteil, sie hasst das Kochen). Es war eher so, dass seine Mutter mit drei Kindern die Essenszubereitung als eine eher unromantische Notwendigkeit ansah. Und so kam es, dass Sebastian Frank in der dritten Klasse des Gymnasiums auf Anraten seiner Mutter einen Hauswirtschaftskurs belegte, weil sie meinte, das würde nicht schaden. Irgendwie fand er das dann aber nicht schlecht, und weil er gleichzeitig an der Schule nicht so besonders viel Vergnügen hatte, schlug er vor, die Schule zu beenden und Koch zu werden – was er dann auch alles selber organisierte. Am 5.8.1996 begann er im Alter von noch nicht 15 Jahren seine Ausbildung zum Koch im Hotel "Wende", einem Vier-Sterne-Hotel in Neusiedl am See im Burgenland. Danach ging es nach Wien, wo er in den nächsten Jahren vier Stationen als Commis de Cuisine durchlief. Es waren das Hotel "Interconti", das "Vestibül" im weltbekannten Burgtheater (ein Gourmetrestaurant mit Spezialitäten wie dem "Hummerkrautfleisch"), die "Cantinetta Antinori" (ein Edel-Italiener mit Filialen in Italien, Moskau und Wien), und schließlich das "Restaurant Gaumenspiel", ein Gourmetrestaurant mit Brasserie-Anklängen. Es ist klar, dass es nach einer solchen Sammlung von Küchen für

# REIF UND

# JUNG

# KOLBASZ

einen engagierten Koch weiter aufwärts gehen musste. Also ging es von 2003–2006 zu Helmut Österreicher und Heinz Reitbauer jr. ins Steirereck, das während dieser Zeit in die Meierei im Stadtpark verlegt wurde. Frank begann als Commis Saucier und beendete seine Arbeit als Chef Gardemanger, ein im "Steirereck" besonders verantwortungsvoller Posten. Von heute aus gesehen darf man vermuten, dass seine Zeit dort großen Einfluss auf seine weitere Entwicklung hatte. Von 2007–2010 folgte eine Anstellung als Sous-Chef im Fünf-Sterne-Interalpen-Hotel Tyrol, wo er auch seinen heutigen Restaurantleiter und Sommelier Jakob Petritsch, vor allem aber seine Lebensgefährtin Jeannine Kessler traf. Die wiederum stammt aus Berlin, und so war es naheliegend, sich in diese Richtung zu orientieren. Im Mai 2010 kam Frank als Küchenchef nach Berlin ins Horváth, das er dann im Januar 2014 mit seiner Jeannine übernahm.

Soweit die Fakten. Die meisten Port Culinaire Leser werden das Horváth nur als Restaurant von Sebastian Frank kennen. Tatsächlich hat es eine lange Geschichte und der Weg vom Beginn bis heute ist kurvenreich. Wer heute in die Gegend am Paul-Lincke-Ufer kommt, weiß, dass er in den Kiez zwischen Kreuzberg und Neukölln fährt. Speziell das sehr urban wirkende Paul-Lincke-Ufer hat in den letzten Jahren einen enormen gastronomischen Aufschwung genommen. Heute reiht sich hier Restaurant an Restaurant und quasi alle haben ihre individuelle, wenn man so will sehr berlinerische Note. Im Haus Nummer 44a gab es schon seit 1918 Gastronomie, und zwar auch damals schon eine Art Szene-Gastronomie, in der man sich eben nicht nur zum Essen, sondern zum Reden, Trinken und Philosophieren traf. Richtig berühmt wurde die Adresse dann nach 1973 unter dem Namen "Exil", das von dem österreichischen Schriftsteller und Philosophen Oswald Wiener gegründet wurde (ja, der Vater von Sarah Wiener). Mit Wiener zog auch die österreichische Küche ein – nicht ohne späte Folgen für Sebastian Frank. Noch vor gar nicht so langer Zeit passierte es immer wieder, dass Gäste sein Restaurant besuchten, die offensichtlich der Meinung waren, den alten Künstlertreffpunkt zu besuchen, in dem es – nach Künstlerart – eher nicht so feine Küche gab. Nun denn... In den 1970er Jahren zog es eine ganze Reihe von berühmten Künstlern ins Exil, darunter Joseph Beuys, Andy Warhol, Rainer Werner Faßbinder, Otto Sander und auch David Bowie, der zu seiner Berliner Zeit hier häufiger Gast war. Als Oswald Wiener 1986 Berlin verließ, wurde aus dem Exil erst einmal ein italienisches Restaurant namens Cena. Im Jahre 2005 gab es dann einen Weg zurück zum Künstlertreff, und zwar unter der Regie der Gastronomen Edith Berlinger und Dietmar Schweitzer, die dem Restaurant den Namen Horváth gaben – nach dem österreichisch-ungarischen Schriftsteller Ödön von Horváth (1901–1938), der noch jung bei einem Unfall ums Leben kam. Mit Sebastian Frank als Küchenchef nahm das Horváth einerseits einen schnellen Aufschwung (der erste Stern kam 2011), andererseits aber auch eine stürmische kreative Entwicklung. Als sich die Betreiber 2014 anderweitig orientierten, übernahmen Jeannine Kessler und Sebastian Frank das Restaurant in eigener Regie. Heute gibt es hier eine der kreativsten Küchen auf deutschem Boden und Frank ist so etwas wie das kulinarische Mastermind hinter einer neuen Berliner Szene, die sich in verschiedenen Schattierungen mit der Nova-Regio-Küche befasst.

### Kolbasz, Mais, Rosenseitlinge

Diese frühlingshaft-frisch aussehende Komposition ist ein prächtiges Beispiel für den sensibel, transparent und produktnah aufgebauten Zweig von Franks Küche. Die Zusammenstellung ist in sich perfekt und macht vor allem auch deutlich, wie selbstverständlich hier mit einer wirkungsvollen Texturregie umgegangen wird. Es gibt kurz sautierte Erbsenschoten, eine Emulsion von Kolbasz (einer ungarischen Salami), in Mandelöl ganz kurz sautierte Rosenseitlinge, Maiswasser mit einem Hauch von Knoblauch (siehe weiter vorn im Text, die Anmerkungen zur Verwendung von Resten) und frischen Meerrettich in präziser Dosierung. Ein wenig erinnert das an eine österreichisch-ungarische Version der berühmten "Petits pois à la française", die auch immer wieder zu einem Objekt neuer Interpretationen durch junge französische Köche werden. Der hochfeine Geschmack mit einer leichten Schärfe im Hintergrund wird vor allem durch die präzise abgestimmten Texturen zwischen den leicht elastisch-roh belassenen Pilzen, der krokanten Hülle der Erbsenschoten und einer Art fließenden aromatischen Bewegung zwischen der Kolbaszcreme und dem Maiswasser bestimmt.

# ROSENSEITLINGE

# SCHWINDLINGE NELKEN

**Nelkenschwindlinge, Suppenfettschaum, Schinkenkaramell**

Diese sehr überraschende und sofort überzeugende Zusammenstellung hat als wichtigsten Effekt den Suppenfettschaum, der exakt das ist, was der Name besagt, obwohl man das angesichts des wunderbaren Aromas kaum glauben kann. Wieder geht es an Kindheitserinnerungen, an übrig gebliebenes oder zu viel vorhandenes Suppenfett, das natürlich nicht ignoriert werden sollte. Frank montiert es zu einem Schaum von einer sehr cremigen Konsistenz, wie sie nur wegen der Beteiligung von Fett dieser Art entstehen kann. Trotzdem ist das Aroma eher elegant und keineswegs penetrant fettig oder ähnliches, und wenn man sich ein wenig konzentriert, kann man auch darauf kommen, woher es eigentlich stammt, nämlich von einer klassischen Rindersuppe. Rund um den Schaum findet sich ein Mix aus krossen Elementen, und zwar in Kalbsnierenfett frittierte Nelkenschwindlinge mit Zitrone und Kalbsgrammeln plus einen Schinken-Karamell-Sud. Der Geschmack dieser krossen Elemente nebst Sud ist hochgradig innovativ und kaum zu lokalisieren. Von der Zubereitung her gibt es Aromen wie Estragon, Waldmeister, Chardonnay-Essig, eine Auswahl, die in ihrer großen Freiheit typisch für viele Arbeiten von Sebastian Frank ist. Immer wieder folgt er einerseits spontanen Eingebungen, arbeitet andererseits aber auch oft recht lange und in immer wieder neuen Versionen an Rezepten. Das wiederum bedeutet auch, dass er seine Visionen davon hat, welche Qualität auch ein innovatives Konzept haben muss. Dazu muss er – wenn man den kreativen Prozess einmal etwas verfolgt – in der Lage sein, auch wirklich Unbekanntes, das man eben nicht in seine Sammlung von konkreten Erinnerungen einordnen kann, als qualitätsvoll zu beurteilen. Dieser Punkt ist ganz entscheidend für das Zustandekommen von wirklich überraschenden Kreationen. Die Degustation dieses Gerichtes ist faszinierend. Am besten nimmt man eine etwas größere Menge Schaum, der sich wegen seines hohen Fettanteils im Mund schnell als schmelzend-weich bemerkbar macht, und dazu eine begrenzte Menge (etwa 3:1) von dem krossen "Ragout". Es ergibt sich ein wundervolles Aufblenden des Suppenfettschaums und ein ebenso wundervolles Durchblenden der anderen Elemente zwischen einem fast sanften Eindruck vom Fett und einem gewissen Brut-Charakter vom Ragout.

**Nelkenschwindlinge # Suppenfettschaum # Schinkenkaramell**

**Nelkenschwindlinge:** 1 kg Nelkenschwindlinge • 3 kg Kalbsnierenfett • Salz • **Suppenansatz:** 5 kg Rindermarkknochen • 80 g geschälte Karotten • 80 g geschälter Knollensellerie • 1 Stange Porree • 30 g Petersilienstiele • 1 Zwiebel • 1 ganzer Knoblauch • je 5 g Sternanis, Piment, Lorbeer, Wacholder, Gewürznelken • Salz • **Suppenfettschaum:** 400 ml Rindersuppe • 300 g Suppenfett • 50 ml naturtrüber Apfelsaft • 1 TL mittelscharfer Senf • 2 EL Honig • 2 EL Weißweinessig 6 % • 4,5 g Agar Agar • 2,25 g Iota • 1 Eiweiß • Salz • Pfeffer aus der Mühle • **Schinkenkaramell:** 1 kg Kochschinken • 100 g Zucker • 200 ml weißer Portwein • je 5 g Sternanis, Piment, Lorbeer, Wacholder, Gewürznelken • Pflanzenöl • **Außerdem:** 1 Zitrone

**Nelkenschwindlinge:** Kalbsnierenfett in grobe Würfel schneiden und bei mittlerer Hitze das Fett auslassen bis die Kalbsfettgrieben goldfarben sind. Das flüssige Fett abseihen und die Grieben auf einem Tuch entfetten. Nelkenschwindlinge in Kalbsnierenfett knusprig frittieren und salzen. Die Grieben fein hacken und salzen.

**Suppenansatz:** Markknochen mit kaltem Wasser ansetzen, aufkochen und degraissieren. Zwiebel und Knoblauch halbieren, anschwärzen und mit den restlichen Gewürzen und Gemüsen zu den Markknochen geben. Im Anschluss salzen. Die Suppe für 4 Stunden langsam köcheln. Anschließend abseihen und 300 g vom entstandenen Suppenfett abnehmen.

**Suppenfettschaum:** Rindersuppe in den Thermomix geben. Honig, Senf und Apfelsaft hinzufügen, mit Salz und Pfeffer abschmecken. Agar Agar und Iota einrühren und im Thermomix auf 100° C erhitzen. Im Thermomix auf 60° C abkühlen, Eiweiß einrühren und mit dem Suppenfett emulgieren. Die Masse in eine iSi-Flasche geben und mit einer Patrone begasen.

**Schinkenkaramell:** Kochschinken grob würfeln und in einer heißen Pfanne dunkel rösten. In einem Topf mit etwas Wasser den Zucker karamellisieren und mit weißem Portwein ablöschen. Schinkenwürfel und Gewürze hinzufügen, mit kaltem Wasser bedecken und für 4 Stunden langsam köcheln. Den Schinkensud abseihen und auf Sirupkonsistenz reduzieren.

**Fertigstellung:** Die knusprigen Nelkenschwindlinge mit 50 g gehackten Kalbsnierengrammeln mischen. Mit Salz und Zitronenabrieb würzen. Kreisförmig am Teller verteilen und mittig den Rinderfettschaum platzieren. Schinkenkaramell angießen.

# SUPPENFETTSCHAUM

### "Winter Rohkost"
An Salaten oder Rohkost-Ansammlungen versuchen sich viele Köche und kaum jemand schafft es in die Dimensionen, in die man eigentlich kommen müsste. Das liegt üblicherweise an einem zu wenig detailliert durchdachten Konzept für die Hintergrundaromen. Dass die Herbheit vieler Kräuter und Blätter einen süßen Ausgleich gut verträgt, ist meist alles, was man erwarten darf. Sebastian Frank ist da wesentlich weiter, und zwar wegen mehr Variation auf zwei Ebenen. Nummer eins ist die verstärkte Variation der "Rohkost"-Elemente. Es gibt nicht nur Blätter, sondern auch Frittiertes, Stiele und unterschiedliche Größen, Dicken und damit von der Textur her mehr Varianz. Dazu kommt ein angepasster, wesentlich variantenreicherer Hintergrund wie etwa ein Slushy von rohem Gemüse, Kürbistrester und ein Pilz-Mandel-Wasser auf der Basis einer Pilzreduktion. Was man dann beim Essen bekommt ist ein unterschiedlicher Geschmack mit jedem Bissen von Wirsing, Schwarzkohl und Rosenkohl, von Knoblauchtrieben und geräucherter Knoblauchwurzel, extrem variantenreich und gleichzeitig so, dass man den Eindruck hat, ein vegetables Geschmacksbild dieser Qualität könne man nur auf diese Weise erreichen. Die Süße spielt eine eher kleine Rolle, und natürlich gibt es etwas Frische von einer eleganten Säure. Ein interessantes Detail ist sicher die Einbindung des rohen Gemüsearomas, das hier über die sensorische "Verlängerung" durch Kälte ganz hervorragend schmeckt.

### Aubergine mit Selleriekohle
Wie weit Sebastian Frank schon gekommen ist, kann man bei Kompositionen wie dieser Aubergine beobachten. Im Endeffekt handelt es sich wieder um eine beträchtliche Novität, die aber – speziell für Gäste, die schon einige Nova-Regio-Küchen probiert haben – in den kulinarischen Details bereits so souverän und ausgereift wirkt wie ein Klassiker. Im Kern stehen Stücke einer gedämpften Minz-Aubergine, die sehr langsam konfiert wird und ein hervorragendes Mischaroma entwickelt, das ein Hauch von Crossover-Dessert-Präsenz hat. Dazu kommt eine Vinaigrette von und mit verkohlter Sellerie, Fichtenessig und kandierter Zitrone sowie ein geeister Schafsjoghurt mit Fichtenöl. Die Aubergine wurde mit einem Minzauszug behandelt, dem – zur Erzielung einer besseren aromatischen Plastizität – auch frische Minze hinzugefügt ist. Der Geschmack ist insgesamt ausgesprochen frisch mit einer Art gemüsigen Säure. Wie so oft bei verkohlten Produkten schmecken sie nicht "nach Kohle", sondern wie eine Variante von Röstaromen, bei denen das Ausgangsprodukt immer noch präsent ist. Die Hinzunahme eines großen Temperaturkontrastes sorgt auch hier für ein bestechend gutes Durchblenden von Aromen. Mit einer nicht zu kleinen Portion geeisten Schafsjoghurts ergibt sich ein prächtiger Akkord, der vor allem dadurch überrascht, dass sich eine erhebliche aromatische Komplexität mit dem Mix aus konfierter Aubergine und den Vinaigrettezutaten einstellt. P.S.: Bei einem Dessert, das ich hier nicht bespreche, hat Frank eine Apfelterrine eingesetzt, die fünf Stunden im Ofen reduziert (und die er mit kandierten Zitronenzesten, gebrannten Liebstöckelblättern und einem Schaum von Welschriesling, Holundersirup und Zitrone serviert). Ich habe das natürlich sofort ausprobiert und variiert. Vergessen Sie Ihren Apfelkompott! Diese Art von "Ofenkompott", dieses Konfieren über einen längeren Zeitraum hinweg bringt hervorragende Ergebnisse.

### Aubergine # Selleriekohle # Fichte
**Aubergine:** 1 Aubergine • 200 g Wasser • 60 g Zucker • 6 g Schokominze • 0,3 g Ascorbinsäure • Saft von 1 Zitrone • **Vinaigrette von Selleriekohle:** 20 g junge Fichtentriebe • 100 ml Weißweinessig • 1 Sellerieknolle • Minzsud von der Aubergine • 1 Zitrone • 1 EL Gelierzucker • 2 EL Petersilienöl • 1 EL Schokominze, fein gehackt • **Pilzmarmelade:** 50 g Herbsttrompeten • 100 ml Weißweinessig • 1 EL Zucker • 1 EL Honig • Nelken • Sternanis • Piment • Salz • 1,5 g Agar Agar • **Fichtenöl:** 80 g junge Fichtentriebe • 150 g Pflanzenöl • **Fichteneis:** Saft von 2 Zitronen • 2 EL Gelierzucker • 50 g Zucker • 45 g Glukosesirup • 230 g Schafsrahmjoghurt • 150 g Fichtenöl

**Aubergine:** Wasser mit Zucker und Zitronensaft aufkochen. Abkühlen lassen und mit grob geschnittener Minze und Ascorbinsäure mischen. Die Aubergine halbieren, im Minzsud vakuumieren und 20 Minuten bei 90° C dämpfen. Abkühlen lassen.
**Vinaigrette von Selleriekohle:** Fichtentriebe mit dem Essig für 21 Tage vakuumieren. Knollensellerie auf dem Holzkohlegrill abgedeckt für 12 Stunden komplett schwarz und trocken grillen. Den Sud der dehydrierten Selleriekohle auffangen. Die Selleriekohle mit dem Minzsud vakuumieren und 12 Stunden ziehen lassen. Die Zitrone schälen und von jeglicher weißen Bindehaut befreien. Die Schale dreimal in jeweils neu aufgesetztem Wasser blanchieren und abschrecken. Den Saft der Zitrone mit Gelierzucker aufkochen. Abkühlen lassen. Die Zitronenschalen im Zitronensaft 24 Stunden einlegen. Anschließend die Schalen in Zesten schneiden. Selleriekohle, Zitronenzesten und Essigfichtentriebe fein hacken und mit Petersilienöl und Selleriesud mischen. Schokominze ebenfalls unterrühren.
**Pilzmarmelade:** Weißweinessig mit Honig, Zucker und Gewürzen aufkochen. Den heißen Sud über die gewaschenen Pilze gießen und diese abgedeckt 24 Stunden ziehen lassen. Den Sud mit Agar Agar aufkochen, aus-

# AUBERGINE

# SELLERIEKOHLE

# BROKKOLI

kühlen lassen und anschließend zu einer glatten Marmelade mixen.
**Fichtenöl:** Pflanzenöl auf 40° C erwärmen, über die Fichtentriebe gießen. Dunkel und kühl für 6 Wochen ziehen lassen.
**Fichteneis:** Zitronensaft mit Gelierzucker aufkochen. Abkühlen lassen. Die Milch erwärmen und alle Zutaten bis auf das Fichtenöl darin auflösen. Das Öl in die Masse emulgieren. Im Pacojetbecher gefrieren und einmal pacossieren.
**Fertigstellung:** Die Aubergine in 5 mm dicke Scheiben schneiden. Von der Pilzmarmelade einige Punkte setzen. Die Vinaigrette von Selleriekohle auf der Aubergine verteilen und eine Nocke Fichteneis daraufsetzen.

**Brokkoli, "Wiener Panier", Backhendl**
Das erste von zwei "Hühnerrezepten", die ich hier in Anführungsstriche setze, weil man partout auf den Bildern kein Huhn sehen wird. Basis des Rezeptes ist gedämpfter, wilder Brokkoli, der von einem Kapern-Zitronen-Gewürz begleitet wird, das wiederum mit dem "Wiener Panier" angereichert ist. Das "Backhendl" kommt nur als Backhendlemulsion vor, eine Emulsion in der sich all das befindet, was ein Backhendl ausmacht. Als Kontrast und entweder Mittel für Durchblendungen oder einen hier besonders wirksamen Wechselakkord findet sich in einem Extralöffel ein Zitronen-Dill-Granité. Frank spielt hier massiv mit dem assoziativen Hintergrund, der uns beim Essen fast ständig begleitet, und der unsere Wahrnehmung oft so entscheidend beeinflusst. Dieser assoziative Hintergrund ist dann kulinarisch ganz besonders faszinierend, wenn er – wie hier – nicht mit der Brechstange daherkommt, sondern sich leise über das Wiedererkennen von Aromen einschleicht. Wer den Titel nicht liest und auch nicht die begleitenden Kärtchen, die im Restaurant zu jedem Gericht verteilt werden, kann in ein hochinteressantes Spiel zwischen seinen Assoziationen und dem geraten, was er zu schmecken meint. Wenn man mit dem Brokkoli und den Gewürzbröseln beginnt, wird noch kaum etwas auf den Hintergrund deuten. Kommt die Emulsion dazu – die übrigens ganz ausgezeichnet schmeckt – wird es vielleicht konkreter, wobei aber die mögliche Bestätigung der Eindrücke dadurch irritiert wird, dass man das, was man schmeckt, nicht auf dem Teller vorfindet. Das angenehm säuerliche Granité dazu mit einer ebenfalls sehr bodenständigen Assoziation (der Dill ist da sehr zuverlässig) bringt kulinarisch gesehen ein hervorragendes Geschmacksbild, innovativ und sehr gut durchdacht oder durchfühlt – je nachdem. Und die Basis ist eine Kindheitserinnerung an die Mutter, die das gebrauchte Brathendlfett eben nicht wegschütten mochte...

# WIENER

# PANIER

# HÜHNERHAUT

**Hühnerhaut, Bratenbutter, Grüne Tomate**
Und Sebastian Frank geht noch ein Stück weiter mit seiner "Analyse" des Huhns und dem, was man eigentlich alles aus ihm machen könnte, wenn man vielleicht vor Huhn und Karkasse sitzt und sieht, was es da so alles an Teilen gibt. Es geht nicht um die "normale" Variation mit Brust und Keule und vielleicht einem Innereienragout. Es geht um das, was bei solchen eher traditionellen Rezepten übrig bleibt und zu schade ist, um weggeworfen zu werden. Es sieht also nicht aus wie Huhn, es ist aber Huhn und es bekommt durch die gedankliche Eindringtiefe bei der Konzeption ein enormes Niveau. Man fragt sich bei solchen Gerichten unweigerlich, was wir noch alles machen können mit den Dingen, die wir übersehen haben, die wir nicht ernst genommen haben, weil sie keine "Spitzenprodukte" sind, und die uns kreative Köche auf diese Weise sozusagen erst einmal neu erklären müssen. Es gibt ein Kompott von Hühnerhaut mit Mirabellen und Estragon, die aufgeschlagene Bratenbutter vom Huhn mit Paprika, sautierte Kräuterseitlinge, Essigpilze und einen "Hühnertoast" aus einem getrockneten Hühnerfarce-Soufflé. Der Geschmack over-all geht nicht unbedingt sehr in Richtung Huhn, sondern ist eher neuartig mit einem dezent bekannten Kern. Die Butter schmeckt vor allem nach Röstnoten vom Braten, und weil alle Elemente einen originellen Anteil haben summiert sich das Gesamtbild zu beträchtlicher Originalität. Es wird klar, dass Sebastian Frank nicht nach Alternativen zu "normaler" Küche sucht – es wäre zu kurz gedacht, so etwas zu vermuten. Er sucht nach neuen Lösungen, die sich frei entwickeln können, ohne als Erweiterung, als kleine kreative Ausflüge oder Variation gesehen zu werden. Und so kommt es, dass man manchmal den Eindruck hat, hier würde mit durchaus nicht unbekannten Elementen ein neues Produkt geschaffen. Das – soviel ist klar – macht die qualitative Distanz dieser Küche zu einigen sehr viel einfacher aufgebauten Nova-Regio-Küchen sehr deutlich. Nova-Regio-Küche der ersten Phase ist eine Küche mit allen, auch seltener oder so gut wie nie genutzten Produkten einer Region. Nova-Regio-Küche der zweiten Phase ist eine neue Küche, die sich aus den veränderten Parametern ergibt und daraus Neues schafft.

**Grüne Tomaten # Hühnerhaut # Pilze**
**Kompott von Hühnerhaut:** 4 Hühnerkeulen • 1 TL Pökelsalz • 1 Bund Suppengrün • 1 Zwiebel • 2 Knoblauchzehen • 2 Sternanis • 2 Lorbeerblätter • 5 Wacholderbeeren • Salz • 1 TL Marillenmarmelade • 1 EL Estragon, frisch gehackt • Pfeffer aus der Mühle • 1 EL stark reduzierte Hühnersuppe (Sirup) • **Bratenbutter vom Huhn:** 2 Hühnerkeulen • Salz • 1 Knoblauchzehe • 200 g Butter • 1 TL Paprikapulver, edelsüß • 1/2 TL Cayennepfeffer • **Gebratene Kräuterseitlinge:** 4 Kräuterseitlinge • 1/2 TL Butter • Salz • **Essigpilze:** 50 g Herbsttrompeten • 100 ml Weißweinessig • 1 EL Honig • 1 EL Zucker • Nelken • Sternanis • Piment • Salz • **"Hühnertoast":** Fleisch von 4 Hühnerkeulen • 80 g Sellerie, geschält und klein gewürfelt • 1 EL Butter • 200 g Sahne • 2 Schalotten, klein gewürfelt • Salz • Pfeffer aus der Mühle • 5 EL Röstgemüsereduktion (siehe Rezept "Schmalzbirne") • je 1 EL gehackte Petersilie und Estragon • 10 Eiweiß • **Außerdem:** 1 grüne Tomate • Salz • Zucker

**Kompott von Hühnerhaut:** Hühnerkeulen entbeinen und enthäuten. Das Keulenfleisch für den Hühnertoast verwenden. Die Hühnerhaut mit Pökelsalz einreiben und 2 Stunden ziehen lassen. Die gewaschene Hühnerhaut mit den Knochen in einen Topf geben und mit kaltem Wasser bedecken. Zum Kochen bringen und abschäumen. Das gewaschene Suppengrün, die halbierte Zwiebel, den Knoblauch und die Gewürze hinzufügen und für 1 Stunde köcheln lassen. Anschließend die Hühnerhaut überkühlen, klein schneiden und in eine kleine Schüssel geben. Die warme Hühnerhaut mit Marmelade, Estragon, Salz, Hühnerreduktion und Pfeffer vermengen und beiseite stellen.

**Bratenbutter vom Huhn:** Hühnerkeulen in grobe Stücke schneiden. Einen Topf erhitzen und die Hühnerkeulen gut mit Farbe anbraten und salzen. Die Knoblauchzehe andrücken und mitschwenken. Die Butter würfeln und ebenfalls in den Topf geben. Paprikapulver und Cayennepfeffer kurz mitschwenken. Die Bratenbutter durch ein Sieb in einer Schüssel auffangen. Die Butter kühl stellen und anschließend so schaumig wie möglich schlagen.

**Gebratene Kräuterseitlinge:** Pilze halbieren, in einer Pfanne goldbraun braten und salzen.

**Essigpilze:** Weißweinessig mit Honig, Zucker und Gewürzen aufkochen. Den heißen Sud über die gewaschenen Herbsttrompeten gießen und diese abgedeckt 24 Stunden ziehen lassen.

**"Hühnertoast":** Selleriewürfel in leicht gebräunter Butter weich dünsten. Schalottenwürfel hinzufügen und farblos weich dünsten. Abkühlen. Das gewürfelte Keulenfleisch würzen und mit gedünstetem Sellerie, gehackten Kräutern, Sahne und der Röstgemüse-

# EXKURS

reduktion vermengen. In einem Pacojetbecher gefrieren und zu einer feinen Farce verarbeiten. Das Eiweiß halbsteif schlagen und vorsichtig in drei Teilen unter die Farce heben. Vier gleichgroße Metalleinsätze mit Folie auslegen, die Masse verteilen und gut mit Folie abdecken. Bei 95° C Dampf für 75 Minuten indirekt pochieren. Die soufflierte Masse überkühlen, in 5 mm dicke Scheiben schneiden und für 24 Stunden in einem Dehydrator trocknen. Das Ergebnis ähnelt getrocknetem Toastbrot.

**Fertigstellung:** Die Tomate ohne Strunk in ca. 1,5 mm dicke Scheiben schneiden, salzen und zuckern. Die Bratenbutter großzügig auf die Tomatenscheiben auftragen. Auf den gebratenen Kräuterseitlingen das Hühnerhautkompott platzieren und mit den Tomatenscheiben abdecken. Die Essigpilze verteilen und mit dem Hühnertoast bestreuen.

### Exkurs: Anderes Essen anders essen?

Es ist ja allgemein klar, dass man Gourmetküche anders, vor allem sorgfältiger essen sollte, als die übliche bürgerliche Küche, weil man sonst viele Dinge einfach nicht mitbekommt. Normalerweise ist das auch keinerlei Problem, weil es auch bei den differenziertesten Küchen häufig um Zubereitungen geht, die sich geschmacklich nahe an das anschließen, was man kennt. Und dann gibt es diejenigen Küchen, die mit weitgehend unbekannten Produkten arbeiten oder mit bekannten so originell umgehen, dass sich eine Küche von beträchtlicher Andersartigkeit ergibt. Wie geht man mit so etwas um? Was macht man, wenn man innerhalb eines Gerichtes gleich auf mehrere Elemente trifft, die man so noch nicht gegessen hat und die sich also der üblichen Einordnung entziehen? – Vor allem sollte dem Esser dieser Zustand erst einmal bewusst werden. Er muss sozusagen verhindern, dass gleich die Klappe fällt und der Gaumen – um einmal ein Wort aus dem Reitsport zu benutzen – verweigert. Dieser Automatismus ist ein häufiges Problem bei der Wahrnehmung neuer kulinarischer Informationen und er findet sich durchaus nicht nur bei Leuten, die keine besonders sensiblen Gourmets sind. Auch manche Kommentare in Kritiken und Restaurantführern lassen darauf schließen, dass den Schreibern nicht bewusst ist, was eigentlich gerade passiert.

Ja, man muss anders essen, wenn das Essen innovativ wird, weil man sich nicht auf den Abgleich mit vorhandenen Speicherungen verlassen kann. Der Weg zur Lösung führt auf eine übergeordnete Ebene der Betrachtung, in der es erst einmal nicht um eine schnelle Einordnung und Bewertung, sondern um eine detaillierte Wahrnehmung geht. Eine Wahrnehmung wie etwa die, dass sich Produkte überlagern, vermischen, dass sich neue Aromen bilden, dass es zu zeitlichen Verläufen usw. usf. kommt, ist erst einmal wertneutral und beschreibend. Die Frage, wie sich solche gesammelten Beobachtungen zu dem verhalten, was man bisher kannte, ist eine ganz andere. Selbstverständlich wird man sie stellen, egal ob für sich oder ob man gegenüber Dritten über seine Eindrücke redet. Aber – sie stellt sich eben erst dann in einer seriösen und sinnvollen Form, wenn man verstanden hat, was bei einer neuen Küche vor sich geht.

Und es stellt sich noch eine weitere Frage, nämlich die der Akzeptanz von extrem neuartigen Aspekten. Wenn man also alles genau registriert hat und mit der Einordnung sorgsam umgegangen ist, um nicht zu einem vorschnellen Urteil zu kommen und dann trotzdem Dinge erlebt hat, die nicht "passen" wollen, was macht man dann? Ich glaube, dass der neue Gourmet, der sich gerade im Bereich der Nova-Regio-Küche auch immer völlig unbekannten Produkten und Zubereitungen gegenüber sehen kann, auch eine Art des kulinarischen Erlebnisses akzeptieren wird, welches nicht in das übliche Schema "guter Geschmack" passt. Um es einmal radikal zu bezeichnen: Er wird auch Dinge gut und sinnvoll finden, die "nicht gut schmecken". Ein kulinarisches Erlebnis der neueren Art sollte nicht mehr zu einhundert Prozent davon abhängen, dass man das Gefühl hatte, alles schmeckt im landläufigen Sinne "gut". Wenn bei Stefan Wiesner das Kalb in Bitumen gegart ist, schmeckt es hinterher auch nach Bitumen, und das ohne jede Einschränkung. Kaum jemand wird sagen, das es dann "gut" oder "lecker" schmeckt. Aber – kann nicht das ganze Gericht inklusive dieser aromatischen Spezialität hervorragend sein?

Nun denn – das ist ein Ausflug in etwas extreme Gefilde, der aber eben ein gedankliches Problem in der Verarbeitung neuer kulinarischer Informationen aufgreift, das sehr wichtig ist. Um so mehr gilt es, Sebastian Frank dafür zu bewundern, wie er bisweilen aus Resten und Bratfett und mit verkohlten Elementen Grandioses schafft, das jedem Gast schmecken wird, der sich dieser Küche mit Sensibilität nähert. Nicht alle Köche in dieser kreativen Abteilung schaffen das, manche nur eher selten. Vielleicht kann Frank hier ein auch international seltenes Vorbild sein.

# TASTE ACADEMY 2017

## – TALES OF FLAVOR –

### DIE KULINARIK-EVENTS DER EXTRAKLASSE
mit Heiko Antoniewicz, Ludwig Maurer und Christian Mittermeier

Treten Sie ein in die Geschmackswelten der AEG Taste Academy: Erweitern Sie bei avantgardistischer Cuisine Ihren Geschmackshorizont und erleben Sie Genuss in einer ganz neuen Dimension. Lauschen Sie spannenden Geschichten über geschmackliche Grenzüberschreitungen, während Ihr Gaumen mit fabelhaften Speisen und exquisiten Getränken verwöhnt wird.

Buchen Sie gleich Ihr Wunsch-Event.
Termine und Veranstaltungsorte finden Sie unter: **aeg.de/tasteacademy**

#AEG #TasteAcademy

# GOLDFOREL

**Champignon, Kümmelrahm, Schwarzwurzel**
Wenn das Konzept stimmt, verträgt es auch eine minimalistische Reduktion. In diesem Falle geht es um die ganz normalen Champignons, ein Produkt, das auch zu den Lieblingsprodukten der Großverpflegung gehört, weil es sehr belastbar ist und vielseitig verwendbar. Hier steht dieses scheinbar banale Produkt im Mittelpunkt einer ausgefeilten, sehr gut schmeckenden und überraschenden Komposition. Es gibt gegrillte Champignons und gedörrte Exemplare, die von einem Auszug einer verkohlten Röstgemüsereduktion aromatisiert werden. Die Pilze werden mit der Unterseite nach oben auf den Teller gebracht, weil das sich bildende Pilzwasser für die exzellente Aromatisierung zuständig ist und beim Essen mit aufgenommen werden soll. Dazu kommen saurer Kümmelrahm, roh marinierte Schwarzwurzel, ein Röstzwiebelgewürz – natürlich hausgemacht – in Form einer Art Püreenocke und Triebe. Der Effekt dieses aufwändigen Verfahrens am scheinbar einfachen Objekt ist grandios. Nie hat man Champignons besser bekommen. Das Geschmacksbild insgesamt ist übrigens von einer wunderbar kräftigen, bodenständig schmeckenden Art.

**Goldforelle**
Die typischen neuen Restaurants konzentrieren sich meist auf eine Reihe von kleinen Gerichten, die oft um ein oder zwei Produkte kreisen. Das klassische Hauptgericht ist verpönt, meist deshalb, weil es vom Volumen her einfach nicht in die Reihe reduzierter Degustationen passt. Ein Hauptgericht ist aber nicht nur etwas, das eine gewisse Größe hat, sondern kann auch ein kulinarisches Konzept meinen, bei dem eine ganze Anzahl von Elementen rund um ein Hauptprodukt in Beziehung zueinander gesetzt werden. Diese Vielfalt, die so etwas wie ein Durchwandern des Tellers möglich macht, vermisst man in der Nova-Regio-Küche bisweilen. Sebastian Frank hat nicht nur in seinen kleineren Gerichten mehr Tiefgang und Komplexität erreicht, sondern verfügt auch über Hauptgerichte der neuen Art. Eine Kreation wie die Goldforelle (die ich für eines der besten Gerichte halte, welche in der letzten Zeit in Deutschland auf die Tische gekommen sind) hat alles, was ein klassischer Großmeister-Teller haben muss: Klare Produktzentrierung und eine ganze Reihe von hochinteressanten Bezügen, deren Protagonisten so dimensioniert sind, dass sich für den Esser ein hochgradig degustativer Charakter ergibt. Die Elemente sind: die knapp gegarte Goldforelle, weiße Schokolade, Rahm, Chardonnay-Essig, frittierter Dill, leicht geräucherte Kohlrabi, ein Kalbskopfchip und sehr effektive und überraschende angeröstete Senfkörner. Die Goldforelle hat leichte Röstnoten. Die Weiße Schokolade ist ein gekühlter Mix aus weißer Schokolade, Rahm und Chardonnay-Essig, die Räucherung vom Kohlrabi schmeckt überraschend sinnvoll und der Kalbskopfchip ist zwar sehr dünn, aber aromatisch durchaus prägnant. Man kann dieses Gericht unter aromatischen, texturellen oder Aspekten der Temperatursteuerung probieren und kommt in alle Richtungen zu hervorragenden Ergebnissen. Das Hauptprodukt bleibt immer im Mittelpunkt, bekommt aber eine Vielzahl von wiederum untereinander "aktiven" Bezügen. So etwas sollte man in Zeitlupe essen und jeder Nuance nachspüren. "Großmeister-Teller" nenne ich das übrigens deshalb, weil es oft als Merkmal der ganz großen Küche gilt, jedes Element in einen spezifischen, unverwechselbaren Zustand zu versetzen, was im Zusammenspiel dann eine Vielzahl innovativer Akkorde ergibt.

**Goldforelle # Essig-Schokoladen-Rahm # geröstete Senfsaat # Kalbskopf # Rauchkohlrabi**
**Goldforelle:** 2 Goldforellen à 350–450 g • 1 EL Salz • 1 EL Zucker • **Essig-Schokoladen-Rahm:** Saft von 1 Zitrone • 1 EL Gelierzucker 1:2 • 100 ml Milch • 60 g weiße Schokolade • 50 ml Sahne • 1 EL Schmand • 50 ml Weißweinessig 6 % • 30 g braune Butter • Salz • 3 g Xanthan • **Geröstete Senfsaat:** 20 g braune Senfsaat • 5 EL Senföl, kaltgepresst • Salz • **Kalbskopf:** 1 Kalbskopfmaske mit Zunge • 4,8 l Wasser • 200 g Pökelsalz • **Rauchkohlrabi:** 1 Kohlrabi • 100 ml Weißweinessig • 1 EL Zucker • 1 EL Honig • Nelken • Sternanis • Piment • Salz • Oak Chips • **Außerdem:** 1 EL fein geschnittener Dill • 1 EL brauner Butter

**Goldforelle:** Forellen filetieren, entgräten und von der Haut nehmen. Mit Salz und Zucker beizen und für 2 Stunden abgedeckt kühl stellen.
**Essig-Schokoladen-Rahm:** Zitronensaft mit Gelierzucker aufkochen. Abkühlen. Milch erwärmen und die Schokolade darin auflösen. Sahne, Schmand und anschließend den Essig hinzufügen. Die Butter einlaufen lassen und mit Zitronensaft abschmecken. Salzen und mit Xanthan eindicken. Die Masse 2–3 mm hoch aufgießen und einfrieren.

# SCHMALZ

**Geröstete Senfsaat:** Die Senfsaat in einer Pfanne vorsichtig dunkel rösten. Abkühlen lassen, mit dem Öl mischen und salzen.

**Kalbskopf:** Das Pökelsalz im Wasser auflösen. Die Kalbskopfmaske mit der Zunge in der Lake für 48 Stunden pökeln. Abwaschen und in reichlich leicht gesalzenem Wasser 5 Stunden weichkochen. Das Fleisch aus der Maske nehmen und die geschälte Zunge separieren. Von der Maske das Fett entfernen. Fleisch, Zunge und Maske grob würfeln und mit etwas heißem Wasser im Thermomix sehr glatt pürieren. Die glatte Masse anschließend in einer beschichteten Pfanne mit Hilfe einer Palette dünn ausstreichen und knusprig backen.

**Rauchkohlrabi:** Weißweinessig mit Zucker, Honig und Gewürzen aufkochen. Den heißen Sud mit dem Kohlrabi vakuumieren und für 20 Minuten bei 95° C dämpfen. Oak Chips in einem geeigneten Behältnis anzünden, den Kohlrabi in einer Metallschale mittig auf der Glut platzieren und für 1 Stunde abgedeckt räuchern.

**Fertigstellung:** Die Forellenfilets mit dem Busenbrenner abflämmen und etwas braune Butter über die Filets geben. Geräucherten Kohlrabi in dünne Scheiben schneiden und das Forellenfilet damit belegen. Knusprigen Kalbskopf ebenfalls auf der Forelle platzieren. Den gefrorenen Essig-Schokoladen-Rahm in grobe Stücke brechen und mit einer Kante in den Dill tauchen. Mit der gerösteten Senfsaat beträufeln.

## Fasan "bleu"

Neben einem Großmeister-Teller wie der "Goldforelle" hat Frank auch typische Menü-Hauptgerichte, oder besser: Fleischgerichte im Programm. Auch sie sind radikal, allerdings sozusagen in die andere Richtung, nämlich im minimalistisch-puristischen Fach angesiedelt. Im Mittelpunkt steht hier ein erkennbar "bleu" gebratener Streifen von einer Fasanenbrust mit einem schönen Aroma nach etwas Rauch und Speck und Röstnoten. Dazu kommen dreierlei Zubereitungen, die alle in keinerlei textureller Konkurrenz zum Hauptprodukt stehen. Ziel ist es, die spezifische Garung für den Fasan auch schmeckbar werden zu lassen und nichts zu installieren (wie etwa harte und nachhaltige Elemente), das sein Aroma überlagern könnte. Die Begleitung kommt von einer Sardellen-Mandel-Paste (die Sardelle als Würze für die Mandel), von einer flüssigen Ganache von Fasan, Kernöl und Schokolade und von einer Sauce von Holunder und Traubenkirschen. Bei in etwa ähnlicher Konsistenz vermischen sich die drei aromatischen Saucen untereinander problemlos und produzieren gegenüber dem Fasan einen klar definierten sensorischen Verlauf. Man schmeckt erst die Sauce(n), dann blendet das im Mund länger verbleibende Fasanfleisch durch, es kommt zu Mischaromen in verschiedenen Proportionen, bevor dann der Fasan eindeutig allein zu schmecken ist. Für eine produktbezogene Fleischdegustation ist das eine sehr gute und konsequente Lösung.

## Birne, Röstgemüse, Schmalz

Bei der Präzision, mit der im Horváth gearbeitet wird, gibt es immer wieder auch Ideen, von denen man meint, sie könnten nur mit solchen Voraussetzungen entstehen. Die Birne ist so ein Fall, höchst originell, obwohl nicht unbedingt mit seltenen Zutaten gemacht, aber eben völlig anders gedacht und präzise entlang einer klaren, innovativen geschmacklichen Vorstellung realisiert. Es gibt eine süße, mit Schmalz angebratene Birne mit einer Röstgemüsereduktion zur Aromatisierung. Dann einen Sud von Pilzwasser und Mandelöl (der auch beim Wintergemüse gute Dienste tut), Estragon (ein bei Frank schon fast stilistisches Merkmal, das aber nie plakativ, sondern immer in originellen Zusammenhängen eingesetzt wird), eine Glasur von geräuchertem Schweineschmalz und Zitrone sowie eine Pastinakencreme. Was entsteht, ist ein Crossover der anderen Art (also nichts, was an Crossover-Desserts denken lässt). Das Schmalzaroma bleibt immer ein Thema und wird vielfältig umspielt, auch eine Rauchnote bleibt im Hintergrund immer erhalten. Wie bei verschiedenen Gerichten hat man den Eindruck einer sehr eigenständigen Küche.

## Birne # Röstgemüse # Schmalz

**Birne:** 2 kleine feste Birnen • 1 EL Zucker • 1 EL Honig • 100 ml weißer Portwein • 50 ml Wasser • 20 ml Weißweinessig 6 % • 1 Lorbeerblatt • 3 Wacholderbeeren • 5 Gewürznelken • **Pastinakencreme:** 100 g geschälte Pastinaken, grob gewürfelt • 2 Birnen, geschält, entkernt und grob gewürfelt • 150 ml Birnensud • 150 g braune Butter • 1 Prise Salz • 1 g Agar Agar • **Röstgemüsereduktion:** 200 g Karotten • 200 g Sellerie • 200 g Petersilienwurzel • 200 g Topinambur • 3 Zwiebeln • 1 ganzer Knoblauch • 3 Tomaten • 1 Lauchstange • 200 g Champignons • 100 g Petersilienstiele • 30 g Thymian • 30 g Kerbel • 50 g Zucker •

# BIRNE

# MANDARINE

30 g Salz • je 10 g Piment, Sternanis, Wachholder, Lorbeer und Gewürznelken • Pflanzenöl • **Champignon-Mandelöl-Sud:** 230 g Champignons • 5 g Salz • 5 g Zucker • 0,5 g Ascorbinsäure • 20 ml naturtrüber Apfelsaft • 120 g Mandelöl, kaltgepresst (Ölmühle Fandler) • **Schmalzglasur:** 500 g reines Rückenfett vom Schwein • 50 g Kochsalz • Oak Chips • 2 g Ascorbinsäure • 80 g Puderzucker

**Birne:** Zucker und Honig karamellisieren und mit Portwein ablöschen. Wasser, Essig, Zucker und Gewürze hinzufügen. Birnen schälen, halbieren, im Sud einmal aufkochen und abgedeckt ziehen lassen. Die Birnenhälften mit einem Parisienne Ausstecher entkernen. Den Sud für die Pastinakencreme verwenden.

**Pastinakencreme:** Pastinaken und Birnen im Birnensud sehr weich kochen. Im Thermomix sehr fein pürieren und die braune Butter einlaufen lassen. Salz und Agar Agar hinzufügen. Die Creme anschließend abkühlen lassen.

**Röstgemüsereduktion:** Das Wurzelgemüse gründlich waschen und halbieren. Zwiebeln, Tomaten und Knoblauch ebenfalls halbieren. Alles mit Pflanzenöl einreiben und auf einer sehr heißen gusseisernen Platte (ca. 450° C) rundum schwärzen. Das Gemüse soll innen roh bleiben, daher die hohe Temperatur. Das schwarze Gemüse in einen Topf geben und die restlichen Gemüse und Gewürze hinzufügen. Alle Zutaten mit kaltem Wasser bedecken und für 6 Stunden bei ca. 85° C ziehen lassen (niemals kochen). Den Fond abseihen und langsam bis zu einer sirupartigen Konsistenz reduzieren.

**Champignon-Mandelöl-Sud:** Champignons vierteln und mit den restlichen Zutaten vakuumieren. Bei 75° C für 25 Minuten dämpfen. Pilze abseihen und den Sud auffangen.

**Schmalzglasur:** Das Fett 48 Stunden mit dem Salz vakuumieren. Anschließend das Salz grob abwaschen. Oak Chips in einem geeigneten Behältnis anzünden. Das Fett grob würfeln und in einem Metalleinsatz mittig auf der Glut platzieren. Mit einem Tuch abdecken und für 2 Stunden räuchern. Die geräucherten Fettwürfel langsam erhitzen und den Schmalz auslassen. 150 g vom abgekühlten cremigen Schmalz mit der Ascorbinsäure und dem Staubzucker mischen.

**Fertigstellung:** Die Birnenhälften auf einer sehr heißen Platte leicht schwärzen und mit der Röstgemüsereduktion einstreichen. Mittig auf dem Teller platzieren und die Pastinakencreme in die Aussparung füllen. Die Schmalzglasur über die Birne laufen lassen. Den Champignon-Mandelöl-Sud kurz aufmixen und angießen.

### Mandarine, Salzgurke, Thymianzucker

Dieses kleine Dessert ist eine ganz klare Akkord-Erfindung vom Crossover-Sorbet-Typ und sehr erfrischend und klar und mit einer wichtigen Funktion für die Kälte, die hier regelrecht inszeniert erscheint. Die Elemente sind eine Salzgurke, Mandarinenfilets, die im Dosensaft mariniert werden, und ein Mandarinengranité mit Thymianzucker. An dieser Stelle sollte man vielleicht einmal die auf Wunsch auch weitgehend alkoholfreie Getränkebegleitung von Sommelier Jakob Petritsch erwähnen, die zum besten gehört, was es in dieser Richtung gibt und sich – ähnlich wie die Küche – durch eine hochentwickelte Qualität und eine erstaunliche Sicherheit auszeichnet. Für dieses Dessert gibt es ein Getränk auf der Basis von Dinkelmilch, eine Grundlage, die wie bei verschiedenen anderen Begleitungen das säuerliche "Molke"-Element übernimmt. So wie beim Essen gerne ein Tick Säure im Spiel ist, ist das auch bei den Getränken. Sie wird hier angereichert von Schwarzwurzeln plus einem Erdbeerkernöl aus der Steiermark, das tatsächlich intensiv nach Erdbeere mit einem Hauch Holzigkeit schmeckt.

### Bratapfel und Senf

Wie bei den beiden Rezepten mit Huhn wird man auch hier das Hauptprodukt, also den Bratapfel, vergeblich suchen – zumindest in der üblichen Gestalt. Es gibt weiße Nocken von einer Essigschokolade mit Pastinake, geröstete Senfsaat und Senföl, einen Kürbis-Senf-Sud und ein Bratapfelpüree. Alle Elemente haben mehr oder weniger mit dem zu tun, was man sich so unter Bratapfel vorstellen könnte, besitzen aber alle ein kleines Extra, das im positiven Sinne irritiert – etwa einen latenten Senfhintergrund. Die Bratapfel-Dekonstruktion im Löffel ist die transparenteste Fassung, der Geschmack der Nocken mit Kaviar deutlich cremiger. Und dann kommt der ganz große "Gag" an diesem Dessert: Wenn man alles zusammennimmt und einen gut proportionierten Vollakkord hat, erlebt man sozusagen den größten und intensivsten Bratapfel aller Zeiten. Das muss man erst einmal hinbekommen. Wie vieles hier im ausgezeichneten Horváth beim ausgezeichneten Sebastian Frank.

# SALZGURKE

**Bratwurst, Luxus und zwei Sterne**

Al-Gharb nannten die Mauren einst den äußersten Zipfel ihres iberischen Herrschaftsgebietes. Kein besonders origineller Name, denn er bedeutet schlicht "der Westen". Immerhin hat sich dieser Name fast unverändert für die Region erhalten. Algarve – und die hat einiges zu bieten.

Am Cabo de São Vicente, dem südwestlichsten Punkt Europas, wird die letzte Bratwurst vor Amerika gebrutzelt – nach guter Nürnberger und Thüringer Art. Als Beilage wird eine grandiose Aussicht von der gut 70 Meter hohen Steilküste serviert. Als Barlavento bezeichnet bietet diese, zerklüftet und durchsetzt mit kleinen Buchten, dem Atlantik bis etwa zur Stadt Albufeira die Stirn. Dort, auf der Hälfte der 155 Kilometer langen Ost-West-Küste, übernehmen langsam Lagunen und Sandstrände das Landschaftsbild.

20 Kilometer westlich von Albufeira, dort wo die Steilküste nicht mehr so hoch ist, aber wildromantische Formationen aus ockerfarbenem Kalk- und Sandstein bildet, biegen wir im Örtchen Porches in die Rua Anneliese Pohl ein und gelangen alsbald an das Tor des Fünf-Sterne-Resorts Vila Vita Parc.

Die Luxusanlage von imposanter Größe ist harmonisch in ein Sahnestück der Küste eingebettet. Oberhalb des Resorts das Vila Vita Village mit eigenem Leben und Infrastruktur. Unweit ein Biergarten in dem es zünftig bayerisch zugeht, inklusive Oktoberfest. Eine Riesengaudi besonders für Algarve Residents.

Die Region hier setzte sehr früh auf Qualitätstourismus. Zwar verfügt die Küste über die meisten Sonnentage in Europa, doch das Wasser des Atlantiks ist kalt. Zu kalt für den klassischen Familienbadeurlaub. So bauten die Investoren Golfplätze – 35 an der Zahl – und lockten so gut betuchte Gäste. Neben stattlichen Residenzen entstanden auch Sternerestaurants, darunter zwei mit deux Étoiles.

Die Vila Joya mit Dieter Koschina, einen Katzensprung entfernt von diesem Ort, und das Ocean mit Hans Neuner hier im Vila Vita. Vor elf Jahren berichteten wir in Port Culinaire Ausgabe ZERO über das São Gabriel, ebenfalls in der Nähe, das seinerzeit unter der Leitung von Jens Rittmeyer stand und heute von Leonel Pereira geführt wird. Seit 15 Jahren hält dieses Restaurant einen Stern. Darüber hinaus zählt die Algarve sechs weitere Sterne. Insgesamt zeichnete der Michelin 20 Restaurants in Portugal aus.

# ALGARVE

Text: Thomas Ruhl

Im östlichen Teil der Algarve befindet sich im Naturschutzgebiet Ria Formosa die größte Lagune Europas. Dort wird nach traditioneller Art Salz produziert. In kaskadenförmig angelegten Teichen konzentriert sich das Meerwasser von Stufe zu Stufe. Am Boden setzt sich schließlich das Sal Tradicional ab. Auf der Oberfläche der Salinen sammelt sich die Salzblume Flor do Sal, die mit feinen Sieben abgeschöpft wird. Das hier gezeigte Foto entstand im Rahmen eines Artikels, den wir über Salz 2006 in der Ausgabe ZERO veröffentlichen.

**Karriere, Erfolg und ein schönes Leben**

Direktor Kurt Gillig empfängt uns. Gillig ist gebürtiger Kärntner und absolvierte eine ordentliche österreichische Ausbildung zum Koch. Und als solcher kam er mit 28 Jahren hier in dieses Resort. Für ihn war es Liebe auf den ersten Blick, und was ihn besonders reizte, war die Vielfalt der Restaurantkonzepte. Es folgte eine rasche Karriere. Seit 2010 leitet er das Resort nun als General Manager. Als er kam, stand die Anlage noch unter dem Patronat von Dr. Reinfried Pohl und seiner Frau Anneliese. Pohl, studierter Jurist, hatte es als Verkaufs- und Vertriebsgenie für Dienstleistungen von Versicherungen, Banken und Bausparkassen zu einem beachtlichen Vermögen gebracht. Auf über drei Milliarden Euro schätzt man den Familienbesitz.

Sein Unternehmen "Deutsche Vermögensberatung" ist und war nicht ganz unumstritten, denn es funktionierte mittels Strukturvertrieb. Eine knallharte Geschäftsform nach dem Pyramidensystem, das hohen Leistungs- und Erfolgsdruck aufbaut. Wer nicht mit diesem System klarkommt, fühlt sich geknechtet. Wer Erfolg hat, lebt wie die Made im Speck, verdient gut und wird mit Incentives, insbesondere luxuriösen Reisen und Seminaren an exklusiven Orten motiviert.

In dieses Gefüge gehören auch die Hotelanlagen des Unternehmers. Im Portfolio drei Hotels in Deutschland, eines in Österreich und zwei in Portugal. Deren Auslastung ist teils durch die Incentivereisen der Deutschen Vermögensverwaltung gesichert. Während es im Vila Vita Parc Resort lediglich fünf Prozent sind, liegt der Anteil bei den 35 Villen des Village bei nahezu 100 Prozent. Aber es müssen nicht immer nur die eigenen Hotels sein. So erlaubt sich das Unternehmen auch schon mal, ganze AIDA Kreuzfahrtschiffe zu chartern.

Direktor Kurt Gillig hat gut Lachen.

Heute führen die Söhne und Schwiegertöchter, maßgeblich Sohn Andreas, die Geschicke der Unternehmungen fort. Ganz im Sinne der verstorbenen Eltern pflegt man in den Hotels eine ganz persönliche Note und stattet sie mit orts- und landestypischen Accessoires aus. Hier an der Algarve sind es portugiesische Handwerkskunst und, klar, die berühmten handgemachten Fliesen.

In der hügeligen Landschaft der großzügigen Anlage verbergen sich zahlreiche Sportstätten, mehrere Pools, natürlich ein Spa, sechs Bars und zehn Themenrestaurants. Über all das wachen zwei Executive Chefs, unterstützt von rund 200 Mitarbeitern im Bereich Gastronomie. Nur ein Teil der 650 Angestellten, die für maximal 470 Gäste in 170 Zimmern sorgen – macht 3,8 Pax Personal pro Zimmer.

Hier im Resort ist man bemüht, mit einheimischem Personal zu arbeiten. So schuf man gemeinsam mit der portugiesischen Wirtschaftskammer ein duales Ausbildungssystem für angehende Köche. Zehn Monate im Betrieb und zwei Monate Schule, statt drei Jahre Schule und ein paar Praktika. Letzteres produzierte Jungköche ohne nennenswerte Praxiserfahrung.

Zurück zu den Restaurants. Auf der Manzar Terrasse herrscht marokkanisches Flair mit Meerblick. Das "Mizu" bietet Contemporary Japanese Food und im "Adega", gelegen an einem kleinen Teich in einem sanften Tal, wird traditionelle portugiesische Küche serviert. Viermal pro Jahr wechselt die Karte. Klassiker wie Cataplana, hier ein Fischeintopf aus dem Kupferkessel, sind immer zu bekommen.

# DAS SÜSSE LEBEN

# ER A DOCE

Die "Residenz" im Fünf-Sterne-Resort Vila Vita Parc. Im Obergeschoss beherbergt sie das Zwei-Sterne-Restaurant Ocean, geführt von Chef Hans Neuner.

**Cataplana mit Schweinefleisch und Muscheln**
**Schweinefleisch:** 425 g Schweinefilet, gewürfelt • 1 EL Schweineschmalz •
**Muscheln:** 1 kg Herz- oder Miesmuscheln • 250 ml Weißwein, trocken • 3 EL frische Petersilie, gehackt • 2 EL Koriandergrün, gezupft • 125 g Krabben • **Cataplana-Basis:** 2 EL Olivenöl • 200 g Zwiebeln, in Ringe geschnitten • je 1 rote und grüne Paprikaschote, fein gewürfelt • 5 Knoblauchzehen, fein gehackt • 1 Dose Tomaten, ca. 400 g • 2 TL Paprikapulver, edelsüß • 1 Prise Cayennepfeffer • 1 Lorbeerblatt • 4 EL Orangensaft, frisch gepresst • Salz • Pfeffer • **Beilage:** Baguette oder kleine Pellkartoffeln

**Schweinefleisch:** Schweinefilet mit Salz und Pfeffer würzen. Schweineschmalz in einem großen Topf auslassen und das Fleisch darin rundum anbraten. Fleisch herausnehmen und beiseite stellen.
**Muscheln:** In einem großen Topf mit Deckel die Muscheln mit dem Weißwein 5 Minuten kochen, zwischendurch umrühren.
**Cataplana-Basis:** Olivenöl in einen Topf geben und die Zwiebeln darin langsam glasig dünsten. Knoblauch, Paprika und Dosentomaten zugeben. Mit Paprikapulver, Cayennepfeffer, Lorbeerblatt und Orangensaft aromatisieren.
**Fertigstellung:** Schweinefleisch, 1 Esslöffel Petersilie, Koriander und die Muschelflüssigkeit in die Cataplana-Basis geben und ohne Deckel 15 Minuten köcheln lassen. Anschließend abschmecken und je nach Geschmack mit Salz und Pfeffer nachwürzen. Zum Schluss die Muscheln und Krabben dazugeben und erhitzen. Mit restlicher Petersilie bestreuen und servieren.

**Stöcker, Bottarga und Sardinen**

Die Cataplana ist das traditionelle portugiesische Kochgeschirr. Ein Eisen- oder Kupfertopf mit abgerundetem Boden und Deckel, der fest verklemmt wird. Bei der Form weiß man gar nicht so recht wo oben und unten ist. Vermutlich war die Cataplana einst der Reisetopf von Fischern und Hirten. Sie wurde insbesondere zum Garen von Fisch- und Muscheleintöpfen verwendet. Auch die Kombination von Muscheln und Schweinefleisch ist beliebt. Direkt über das offene Feuer gesetzt dünstet das Gargut schonend.

Neben dem Adega findet der Resortgast im benachbarten Örtchen Armação de Pêra urige Restaurants mit typischem Angebot. Auch wenn den Ortseingang touristische Apartmenthäuser aus den 1970ern prägen, hat das alte Zentrum immer noch das Flair eines Fischerörtchens und ist zu Fuß vom Resort aus entlang der Steilküste in einem halbstündigen Spaziergang zu erreichen.

Generell ist die Landesküche sehr einfach. Fische wie der Stöcker, der in der Bretagne von Bord geworfen wird oder bestenfalls als Köder dient, sind an der Algarve begehrte Speisefische. Ebenso Sardine oder Makrele, in den Augen eines Gourmets eher B-Qualität. Solche Fische kommen in den kleinen "Tascas", einfachen Restaurants in Meeresnähe, direkt vom Boot in die Küche und werden gegrillt mit Weißbrot und Salat serviert. Dazu Olivenöl, Kartoffeln sind schon fast Luxus. Auf jeglichen Schnickschnack wird verzichtet. Oder auf das, was man hier für diesen hält. Saucen kaum. Gewürze sparsam. Wichtig sind Piri Piri, eine kleine Paprikaschote, und Knoblauch. Gegebenenfalls Petersilie, Lorbeer, Thymian, Oregano, Koriander und Muskat. Ansonsten wird dem Stöcker auch schon mal kräftig mit Salz und Essig zugesetzt. Der Fisch wird gesalzen, später gekocht, enthäutet und mit Zwiebelringen und reichlich Essig verzehrt.

Nun mag das so klingen, als ob das Meer hier nichts Vernünftiges hervorbrächte. Das ist ganz und gar nicht so. Vor der Algarve stoßen drei Verbreitungsgebiete maritimer Spezies aufeinander – das Mittelmeer, der Nord- und der Südatlantik – und bescheren den Fischern einen gewaltigen Artenreichtum. In diesen Gewässern begegnen sich der Gefleckte und der Gemeine Wolfsbarsch, marokkanische Zahnbrassen, Geißbrassen und Doraden, Rochen, Haie, Drückerfische und Monster der Tiefsee wie Strumpfband- und Degenfisch. Die felsigen Küsten bewohnen Seeigel und die bizarren Entenmuscheln. Dem begehrten Pulpo, gerne gegessen mit grünen Bohnen, stellen die Fischer mit Vasen nach, die auf den Grund gelassen werden. "Ein hübsches Häuschen", denkt der Oktopus. Ein Heim fürs Leben, das er bezieht und in dem er es sich gemütlich macht. Mitsamt diesem wird er dann an Bord gehievt. Das war es dann mit dem schönen Dasein. Ein Stück seines getrockneten Rogens, den Pulpo Bottarga, trägt jeder Fischer, der was auf sich hält, in der Tasche und schneidet sich dann und wann mit seinem betagtem Taschenmesser ein Scheibchen ab.

Der Pulpo oder Oktopus wird mit Ton- oder Kunststoff-Amphoren gefangen, die auf den Grund gelassen werden. In diesen richtet er sich häuslich ein und wird dann mitsamt seiner Wohnung an Bord gehievt. Kraken sind in Portugal sehr beliebt. Ein typisches Rezept ist "Polvo à lagareiro".

**Oktopus mit Kartoffeln**
2 Oktopusse, (je 500–600 g) • 1 Zwiebel • 1 Lorbeerblatt • 1 kleine Chilischote • 500 g kleine Bio-Kartoffeln • 5 Knoblauchzehen • 1 EL Koriandergrün, gehackt • 150 ml Olivenöl • Salz

Die beiden Oktopusse mit Zwiebel (ganz), Lorbeerblatt und Chilischote in Salzwasser etwa 1 Stunde kochen, bis sie weich sind. Der Sud eignet sich gut als Grundlage für eine Fischsuppe. Kartoffeln gut säubern und mit wenig Wasser und einem Teelöffel Salz 10 Minuten in einer Pfanne vorkochen. Das Wasser soll beinahe vollständig verdampfen, damit sich auf der Schale eine feine Salzkruste bilden kann. Die ungeschälten Knoblauchzehen mit einem breiten Messer zerdrücken. Dann Kartoffeln und Knoblauchzehen in eine ofenfeste Schale legen, mit einem Teil des Olivenöls übergießen und im Backofen bei 220° C backen, bis die Schalen der Kartoffeln leicht braun sind. Dann für ein paar Minuten die gekochten Tintenfische dazugeben und das restliche Olivenöl aufgießen. Gehackten Koriander darüberstreuen und in der Schale servieren. Die Kartoffeln kann man schon in der Form zerdrücken, damit sie das Knoblauch-Olivenöl aufsaugen.

# SCHLICHT UND EINFACH

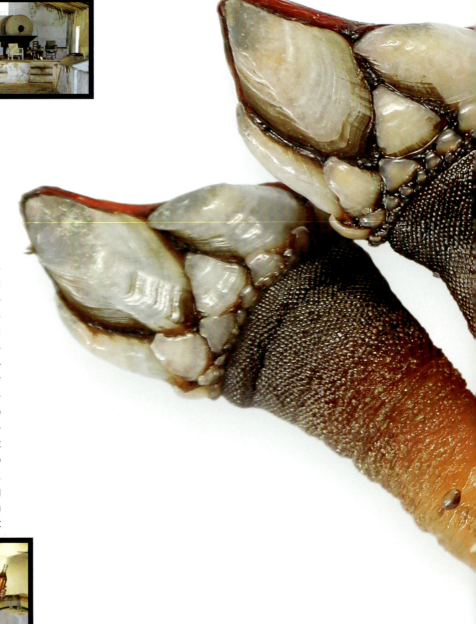

Die Lagunen und Sandbänke in Richtung der spanischen Küste sind ein Muschelparadies. Auch hier ist der Artenreichtum beeindruckend. Bei Ebbe sieht man heimische Damen nach den tief im Sand verborgenen Schätzen buddeln. Die Fischer machen indes reiche Beute auf den Muschelbänken.

**Muscheln, Bacalao und ein Pinnchen Medronho**

Der wichtigste Fischereihafen für die Gastronomie ist Sagres im äußersten Westen der Küste. Wenn die kleinen Boote hier ihre Fänge anlanden, wird die Doca da Pesca zum Treffpunkt von Köchen und Händlern. Zunehmend auch solchen aus dem Ausland, was zum Ärger der Einheimischen die Preise in die Höhe treibt. Fast die gesamte Fischerei auf den Roten Thun ist bereits seit langem in japanischer Hand – 80 Prozent aller Fänge weltweit gehen dorthin.

Eine Kuriosität ist die Liebe der Portugiesen zum Bacalao – zum Kabeljau Stockfisch. Kabeljau kommt in den portugiesischen Gewässern nicht vor. Trotzdem gibt es Hunderte von Rezepten damit. Ein Relikt aus der Sklavenzeit. Die Seefahrer beluden ihre Schiffe mit Sklaven in Afrika und brachten sie in die Karibik, dem Hauptumschlagplatz für das "schwarze Gold". Auf der Rückreise ließ man sich von den Winden über die Nordroute treiben und belud dort die Schiffe mit Stockfisch. Der diente als Proviant und Handelsware in den Heimathäfen. Gräten, Köpfe und Abfälle wurden dann wieder in Afrika gegen Menschen getauscht.

So reich der Tisch an Seafood gedeckt ist, so schwierig ist es, dem im Sommer trockenen Land Feldfrüchte abzuringen und auf ihm Viehwirtschaft zu betreiben. Ein bisschen Schwein, Zicklein, Huhn, ein Grillspieß mit gemischtem Fleisch und – sehr beliebt – Spanferkel findet der Gast in einfachen Häusern. Und vielleicht gehen dem Bauern ja auch ab und zu Kaninchen, Hasen oder Rothühner in die Schlinge. Dazu passt ein Schnäpschen wie der Medronho aus der Frucht des Erdbeerbaums. Generell aber bleibt alles in Bezug auf Essen und Trinken, ja das Leben der normalen Portugiesen – schlicht und einfach.

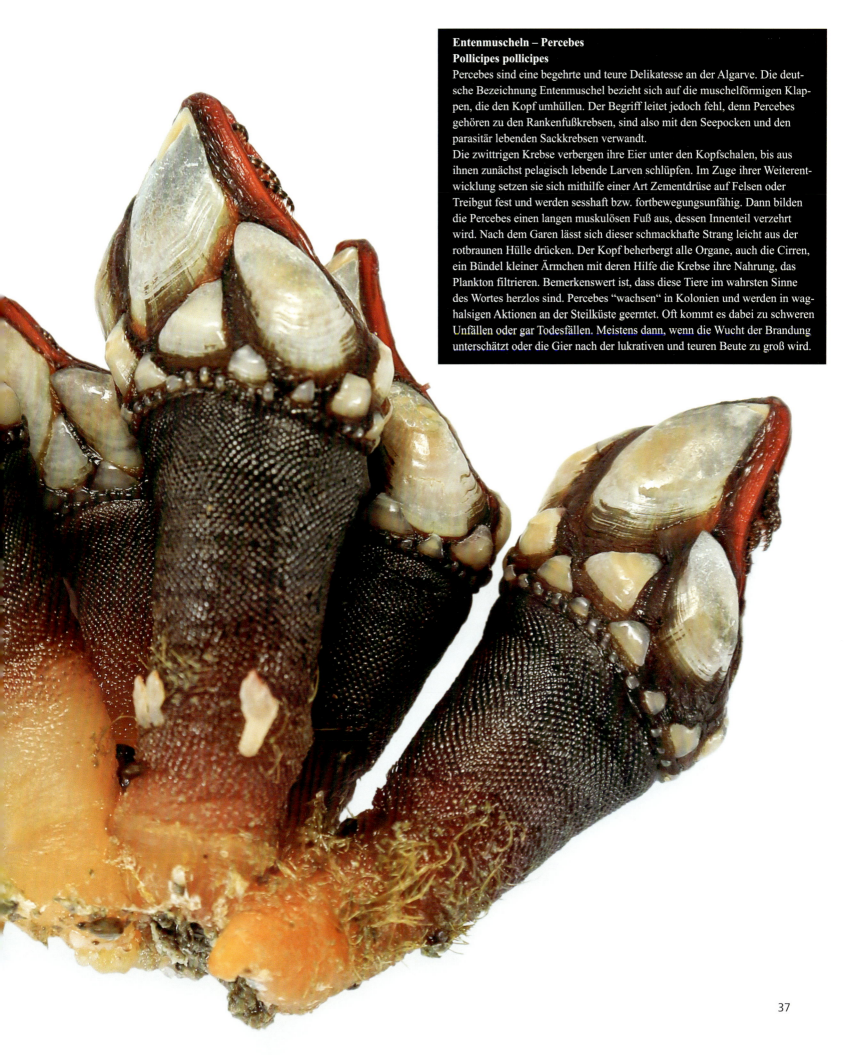

**Entenmuscheln – Percebes**
**Pollicipes pollicipes**

Percebes sind eine begehrte und teure Delikatesse an der Algarve. Die deutsche Bezeichnung Entenmuschel bezieht sich auf die muschelförmigen Klappen, die den Kopf umhüllen. Der Begriff leitet jedoch fehl, denn Percebes gehören zu den Rankenfußkrebsen, sind also mit den Seepocken und den parasitär lebenden Sackkrebsen verwandt.

Die zwittrigen Krebse verbergen ihre Eier unter den Kopfschalen, bis aus ihnen zunächst pelagisch lebende Larven schlüpfen. Im Zuge ihrer Weiterentwicklung setzen sie sich mithilfe einer Art Zementdrüse auf Felsen oder Treibgut fest und werden sesshaft bzw. fortbewegungsunfähig. Dann bilden die Percebes einen langen muskulösen Fuß aus, dessen Innenteil verzehrt wird. Nach dem Garen lässt sich dieser schmackhafte Strang leicht aus der rotbraunen Hülle drücken. Der Kopf beherbergt alle Organe, auch die Cirren, ein Bündel kleiner Ärmchen mit deren Hilfe die Krebse ihre Nahrung, das Plankton filtrieren. Bemerkenswert ist, dass diese Tiere im wahrsten Sinne des Wortes herzlos sind. Percebes "wachsen" in Kolonien und werden in waghalsigen Aktionen an der Steilküste geerntet. Oft kommt es dabei zu schweren Unfällen oder gar Todesfällen. Meistens dann, wenn die Wucht der Brandung unterschätzt oder die Gier nach der lukrativen und teuren Beute zu groß wird.

**Weitblick, Regionalität und schöne Aussichten**

Das Vila Vita Parc Resort besteht aus einem Gebäudeensemble mit portugiesischem Flair. In prädestinierter Lage über der Steilküste schmiegt sich die "Residenz" in das saftige Grün der Gartenlandschaft. Im Obergeschoss das Flaggschiff-Restaurant "Ocean". Ein passender Name für diesen Ort mit grandiosem Blick durch ein Panoramafenster auf den Atlantik und ein Restaurant unter Führung eines Chefs, der das Genre Fisch und Meeresfrüchte erstklassig beherrscht.

Mit dem Thema Meer spielt auch das Interieur des 2016 komplett renovierten Restaurants. Eine Wand gestalten weiße Korallen, die aus tiefem Meeresblau leuchten. Im Eingangsbereich Glasvasen, die wie Quallen im Meer zu schweben scheinen. Die Bestuhlung, ebenfalls in leichtem Blau, ist stylisch und schlicht-modern, die Tische ohne Decken und Schnickschnack. Im Zuge der Renovierung wurde auch die Küche vergrößert und mit einem Chef's Table vor einem großen Fenster ausgestattet. Das erlaubt auch den Köchen einen schnellen Blick hinaus aufs Meer. Das wirkt bei hohem Arbeitsdruck manchmal Wunder.

Auch die Gäste reagieren begeistert auf die neue Gestaltung, die beweist, dass sich zeitgeistiges Design hervorragend mit Gemütlichkeit vereinbaren lässt. Etwa die Hälfte der Restaurantbesucher kommt aus dem Resort. Die anderen sind Anwohner oder Gäste anderer Luxushotels. So profitieren die Fine Dining Restaurants der Gegend spürbar voneinander.

Wie Hoteldirektor Kurt Gillig und Zwei-Sterne-Kollege Dieter Koschina ist auch Hans Neuner Österreicher. Für den Spross einer Gastronomendynastie aus Leutasch in Tirol war der Weg in die Küche vorbestimmt. Mit 14 Jahren ging er in die Kochausbildung, danach folgten Stationen in St. Moritz, in London, auf den Bahamas und auf einem Kreuzfahrtschiff. Im Berliner Hotel Adlon traf er schließlich seinen wichtigsten Mentor: Karlheinz Hauser. Der erkannte sein Talent und förderte ihn. Insgesamt stand Neuner neun Jahre an Hausers Seite. Zuletzt nach einer Stippvisite im Tristan auf Mallorca als Küchenchef des Sternerestaurants Seven Seas im Hotel Süllberg in Hamburg, das Hauser zwischenzeitlich übernommen hatte.

Seit 2007 ist Hans Neuner Küchenchef des Ocean. Zwei Jahre später erhielt er den ersten und 2011 den zweiten Michelinstern. Der Erfolg ist durchaus Teamsache. Der Küchenchef führt seine Brigade kollegial, ohne Schreierei und großen Druck. Auch Rezeptideen kommen häufig aus den Reihen der Mannschaft. Neuner arbeitet vorzugsweise mit Produkten aus der Region und stellt diese in seinen Gerichten klar in den Vordergrund – schnörkellos und unkompliziert. Generell hat sich sein Stil den Gegebenheiten vor Ort angepasst. Dem Klima und dem Warenangebot. Die Kreationen zeigen Frische, Säure, Kühle und Leichtigkeit. Genau das, was man in der Saison an heißen Tagen haben möchte.

Wie schon erwähnt "schwimmt" das Ocean inmitten eines Seafood Paradieses. Bei der Fleischversorgung kommt der Chef mit lokalen Produkten allein nicht zurecht, wenngleich sich Neuner ein sehr gutes Netzwerk an Farmern aufgebaut hat und stetig nach ursprünglich Portugiesischem fahndet. Zudem verfügt das Ocean über einen eigenen kleinen Garten und manche Produkte stammen von der eigenen Farm des Unternehmens im Alentejo, Herdade Dos Grous. Aber das ist eine eigene Geschichte.

www.vilavitaparc.com

Hans Neuner setzt auf regionale Produkte der Algarve soweit irgend möglich. Im Focus seiner leichten Küche stehen Fische und Meeresfrüchte. Das Foto zeigt ihn in Sagres, dem wichtigsten Fischereihafen für die Gastronomie.

# PÉ DE BURRI

**Birne / Gaiado-Dashi / Kapuziner / Schnittlauchöl / Sonnenblumenkerne**

**Gegrillte Pé de Burrinho:** 4 große Pé de Burrinho Muscheln • **Birnenpüree:** 4 reife Birnen • Zucker • Butter • Weißwein • Birnenessig • Birnensaft • eiskalte Butterwürfel • **Schnittlauchöl:** 100 g Schnittlauch • 150 g Sonnenblumenöl • **Birnenkugeln:** 1 Birne • Zucker • Butter • 1 Spritzer Weißwein • 1 Spritzer Birnenessig • **Sonnenblumenkerne:** 200 g Sonnenblumenkerne • 30 g Fischsauce • 20 g Zucker • **Sushiwürze:** 500 g Reisessig • 650 g Zucker • 3 g Salz • **Gaiado-Sud:** 1/2 Gaiado-Kopf (getrockneter Thunfisch aus Madeira) • 2 mittelgroße Rotbarbenkarkassen • 2 mittelgroße Seezungengräten • 2 Chili • 50 g Korianderstängel • 2 l Wasser • 10 Pé de Burrinho Muscheln • 100 ml Sojasauce • 2 EL Sushiwürze • 1 Zitronengrasstange, ganz klein geschnitten • 1 Lauchgrün, ganz klein geschnitten • 50 g Ingwer, gerieben • 100 g Daikon-Rettich, gerieben • Flüssigkeit von gegrillten Muscheln • **Außerdem:** Eukalyptusblätter • Birne • Holzkohle • 4 Blätter Kapuzinerkresse

**HANS NEUNER**

**Gegrillte Pé de Burrinho:** Die Muscheln auf den vorgeheiztem Holzkohlegrill legen und sofort nachdem sie sich geöffnet haben herunternehmen. Das Muschelfleisch aus der Schale nehmen, nur den essbaren weißen Teil aufbewahren. Die Muschelflüssigkeit für den Gaiado-Dashi verwenden.

**Birnenpüree:** Die Birnen schälen, entkernen und in kleine Würfel schneiden. Etwas Zucker in einem Topf farblos karamellisieren. Butter zugeben, aufschäumen lassen und die Birnenwürfel zufügen. Mit etwas Weißwein und weißem Birnenessig ablöschen, reduzieren und Birnensaft aufgießen. Birnen weich garen, passieren und im Thermomix unter Zugabe von eiskalten Butterwürfeln mindestens 10 Minuten mixen bis ein homogenes Püree entsteht. In kleine Spritzflaschen füllen und im Kühlschrank aufbewahren. Zum Anrichten sollte es Zimmertemperatur haben.

**Schnittlauchöl:** Schnittlauch und Sonnenblumenöl im Thermomix bei 90° C für 1 Minute auf Stufe 10, dann 8 Minuten auf Stufe 3 mixen. Durch ein Passiertuch gießen und kalt stellen. Später restliches Wasser vom Öl trennen. Schnittlauchöl in kleine Spritzflaschen füllen und im Kühlschrank aufbewahren.

**Birnenkugeln:** Aus einer Birne mit dem kleinsten Ausstecher Kugeln ausstechen. Etwas Zucker hell karamellisieren, wenig Butter zugeben, aufschäumen, die Kugeln kurz durchschwenken und mit einem Spritzer Weißwein und einem Spritzer Birnenessig ablöschen. Auf Eis schnell abkühlen, nicht zu weich werden lassen.

**Sonnenblumenkerne:** Zutaten in einer Schüssel vermischen und dann auf eine Silpatmatte flach verteilen. Im Ofen bei 100° C ca. 5 Minuten backen. Herausnehmen, die Kerne lösen und dann bei 150° C ca. 8 Minuten goldbraun rösten. Beim Anrichten 3–4 Stück pro Person verwenden.

**Sushiwürze:** Zutaten vermengen und kühl aufbewahren.

**Gaiado-Sud:** Den Gaiado-Kopf 3 Minuten blanchieren, das Blanchierwasser wegschütten. Alle Zutaten außer Sushiwürze, Sojasauce und Muscheln in einen Topf geben, einmal aufkochen und dann 2–3 Stunden sachte ziehen lassen. Dann restliche Zutaten zugeben. Wenn sich die Muscheln öffnen, von Herd nehmen und abgedeckt abkühlen lassen. Durch ein Passiertuch gießen. Kurz vor dem Servieren den Sud mit geschnittenen Eukalyptusblättern und frischer Birne infusieren.

**Anrichten:** In einer Muschelschale alle Zutaten arrangieren und in einer zweiten Muschelschale klein geschnittene Eukalyptusblätter mit etwas glühender Holzkohle zum Rauchen bringen.

# NHO

**Raue Venusmuschel**
**Venus verrucosa**
Venusmuscheln bilden mit über 400 Arten eine Großfamilie unter den Bivalvia, den zweischaligen Weichtieren. Mitglieder dieser Familie kommen in allen Küstengewässern weltweit vor. Der Schwerpunkt ihrer Verbreitung liegt in warmen Meeren auf sandigem Grund. Die Raue Venusmuschel, in Portugal Pé de Burrinho genannt, ist eine von zahlreichen Arten an der Algarve. Ihr Verbreitungsgebiet erstreckt sich aber entlang des gesamten Ostatlantiks von Norwegen bis Südafrika, einschließlich der Kanarischen und Kapverdischen Inseln, Madeira und dem Mittelmeer. Die etwa sieben Zentimeter große Muschel ist leicht zu identifizieren. Ihre Schale ist schwer und dick und trägt 50 wulstige Lamellen, die sich quer über die Schale bändern und feine Linienstrukturen kreuzen. Die Muschel lebt in grobkörnigem Sand bis in 100 Metern Wassertiefe, kommt aber auch auf Schlickböden im Gezeitenbereich vor. Dort ernährt sie sich von Phytoplankton, das sie mittels Kiemen ausfiltriert. Raue Venusmuscheln erreichen ein Alter von bis zu 16 Jahren. Für die Muschelfischerei sind sie recht bedeutend. Tausende Tonnen gelangen jährlich in den Handel.

**Echter Bonito**
**Katsuwonus pelamis**
**(portugiesisch Gaiado, englisch Skipjack)**

Bonitos werden rund um den Globus in warmen Gewässern in großen Stückzahlen gefangen und als eine Thunfischart vermarktet. Das ist nicht ganz korrekt, denn zoologisch gehört der Echte Bonito nicht zur Gattung Thunnus, sondern bildet die eigene Gattung Katsuwonus. Er ist aber eng mit den echten Thunfischen und Makrelen verwandt. Bonitos leben pelagisch im freien Wasser und unternehmen große Wanderungen. Dabei jagen sie in großen Schulen nahe der Oberfläche nach Fischen, Krebstieren und Sepien. Oft begleitet von Vögeln, Haien oder Walen. Ihre Jagd ist wild und schnell und erreicht über 30 Stundenkilometer beim Angriff. Der muskulöse stromlinienförmige Körper ist in der Lage, seine Temperatur über die des Wassers anzuheben. Das verleiht den Muskeln mehr Agilität. Zudem hat der Fisch keine Schwimmblase, was ihm erlaubt, schnell auf- und abzutauchen. Bonitos werden maximal 110 Zentimter lang bei einem Gewicht von bis zu 34 Kilogramm. Ihr maximales Alter ist zwölf Jahre. In der japanischen Küche sind Bonitoflocken (Katsuobushi) Hauptbestandteil des Dashi-Suds. Der Echte Bonito ist leicht mit dem Unechten Bonito Auxis thazard zu verwechseln. Dessen Fleisch gilt als weniger wertvoll.

# DES DA

**Traditioneller Dashi**
10 g Bonitoflocken • 10 g Kombu-Algen • 1 l Wasser

Die Kombu-Algen in Wasser ca. 30 Minuten einweichen und einmal aufkochen. Sobald das Wasser kocht, die Algen herausnehmen, da die Brühe sonst bitter wird. Die Bonitoflocken hineinstreuen, wieder zum Kochen bringen und vom Herd nehmen. Sobald die Bonitoflocken auf den Boden gesunken sind, Dashi durch ein Sieb abgießen.

# SHIS SEELE

**Jalapeñoschaum /
Entenmuscheln /
Gartenblüten**

**Gazpacho:** 8 reife Tomaten mit Grün, grob geschnitten • 3 rote Paprika, entkernt und geschält, grob geschnitten • 1 Gartengurke, entkernt und grob geschnitten • 1 Schalotte, gewürfelt • 1 Knoblauchzehe geschält, entkeimt und zerdrückt • Meersalz • schwarzer Pfeffer aus der Mühle • Zucker • Sherry-Essig • bestes Olivenöl • einige Oreganozweige • 1 Thymianzweig • **Jalapeñoschaum:** 100 ml Jalapeñosaft (Schoten vor dem Entsaften entkernen) • 0,3 g Xanthan • Zesten und Saft von 2 Limetten • 40 ml Eiweiß • 3 EL Sushi-Essig • 350 ml Traubenkernöl • Salz • **Entenmuscheln:** Entenmuscheln nach Bedarf (100 g für 4 Personen) • Meerwasser zum Blanchieren • Lorbeerblätter • Knoblauch • Olivenöl • Zitronensaft • schwarzer Pfeffer • **Außerdem:** klarer Tomatensaft • Stiefmütterchen • Gurkenblüten • Kapuzinerblüten • Mini-Basilikumblätter, grün und rot • Dillspitzen

**HANS NEUNER**

**Gazpacho:** Tomaten mit Grün, Paprika, Gurke, Schalotte, Knoblauch, Oregano und Thymian in einer großen Schüssel mit Meersalz, schwarzem Pfeffer, Zucker, Essig und Olivenöl für 20–30 Minuten abgedeckt marinieren. Dann Tomatengrün, Thymian und Oregano entfernen. Alles gut mixen, passieren und in Spritzflaschen füllen. Kalt stellen.

**Jalapeñoschaum:** Jalapeñosaft mit Xanthan 3–4 Minuten sehr glatt mixen. Limettensaft und Zesten zugeben, 20 Minuten ziehen lassen und passieren. Eiweiß und Sushi-Essig zugeben und mit Traubenkernöl emulgieren. Mit etwas Salz abschmecken. In eine 0,5 l iSi-Flasche füllen und mit 2 Gaspatronen bestücken. Kalt stellen.

**Entenmuscheln:** Meerwasser zum Kochen bringen, Lorbeerblätter und Knoblauch zugeben. Die Entenmuscheln je nach Größe 2–5 Minuten blanchieren. Auskühlen lassen, dann das Muschelfleisch ausbrechen ohne den "Fuß". Nicht im Eiswasser abschrecken und nicht in den Kühlschrank stellen. Das Muschelfleisch in kleine Ringe schneiden, mit ganz wenig Olivenöl, Zitronensaft und schwarzem Pfeffer marinieren. Bei Zimmertemperatur aufbewahren.

**Fertigstellung:** In vorgekühlte Porzellantassen je 1 EL klaren Tomatensaft füllen und mit Klarsichtfolie glatt und fest abdecken. Die Tassen umgedreht auf einem Blech gefrieren, sodass der gefrorene Tomatensaft die Tasse verschließt. Mit einer heißen Nadel ein kleines Loch in den gefrorenen Tomatensaft stechen. Durch das Loch vorsichtig die Gazpacho einfüllen, den Jalapeñoschaum obenauf spritzen. Auf dem gefrorenen Tomatensaft die Entenmuscheln, die Gartenblüten und die Gartenkräuter verteilen. Schnellstmöglich servieren.

# GAZPACHO

# ALGARVE

# PLUMA
## "PORCO PRETO"

**Hefe-Ravioli /
Rettich Quinta do Poial /
Grüne Äpfel**

**Pluma von Porco Preto:** 1 Stück Pluma • Salz • Pfeffer • Gewürzmischung Code Bellota • Knoblauch • Thymian • Lorbeer • Butter **Apfelmus und Apfelscheiben:** 3 rote Äpfel • Butter • Thymian • weißer Portwein • 1 grüner Apfel **Rettich:** je 1 Mini-Rettich weiß, rot, weiß-rot • Wassermelonen-Rettich • Olivenöl • Salz **Pommery-Senf-Vinaigrette:** 100 g Pommery Senf • 80 g Honig • 25 g Sherry • Senfkohlblüten **Hefe-Ravioli:** 500 g frische Hefe • Nussbutter • etwas Geflügelfond • 15 Knoblauchzehen • Butter • große Navetten • Knoblauchblüten **Senfsaat-Schweinesauce:** 1 kg Schweinefleischabschnitte • 300 g Chouriço • 200 g Mirepoix • 3 Gemüsezwiebeln • 3 Äpfel, entkernt • Korianderkörner • Fenchelsamen • Pfefferkörner • Kümmel • Lorbeer • 100 g Senfsaat • Apfelsaft **Knoblauchpüree:** Knoblauchzehen, entkeimt und geschält • Pflanzenöl • Lorbeer • Salz • Pfeffer • weißer Balsamico

**Pluma von Porco Preto:** Holzkohlegrill entzünden und die Kohle komplett verglühen. Plumastücke 30 Minuten vor dem Grillen aus dem Kühlschrank nehmen, abgedeckt auf ca. 21° C temperieren. Pluma in Rechtecke schneiden (Abschnitte aufheben für die Sauce) und kurz vor dem Grillen mit Salz, Pfeffer und etwas Code Bellota würzen. Kurz und kräftig angrillen, ca. 2 Minuten von jeder Seite, dann 10 Minuten neben dem Grill ruhen lassen. Direkt nach dem Angrillen die Luftzufuhr am Grill schließen. Dann erneut ca. 3 Minuten von jeder Seite grillen, dabei darauf achten, dass die Stücke nicht zu schwarz werden. Nochmals ca. 20 Minuten neben dem Grill ruhen lassen. Kurz vor dem Anrichten das Fleisch 5 Minuten bei 200° C auf Temperatur bringen. Alle 4 Seitenränder dünn abschneiden und der Länge nach halbieren. Auf der Schnittfläche mit etwas Knoblauch, Thymian, Lorbeer und Butter bestreichen und salzen.

**HANS NEUNER**

**Apfelmus und Apfelscheiben:** Rote Äpfel schälen, entkernen und klein schneiden. In einem flachen Topf etwas Butter schäumen. Die Apfelstücke mit etwas Thymian kurz anschwitzen, mit weißem Portwein ablöschen und komplett reduzieren lassen. Dann den Topf mit Deckel und Klarsichtfolie verschließen. Nach 45 Minuten die Apfelmasse im Thermomix für 10 Minuten auf Stufe 8 mixen. In eine Spritzflasche füllen und kalt stellen. Kurz vor dem Servieren den grünen Apfel mit der Mandoline seitwärts in hauchdünne Scheiben von ca. 2,5 cm Durchmesser hobeln und zu kleinen Trompeten eindrehen.

**Rettich:** Mini-Rettich gründlich und vorsichtig waschen. Die größten grünen Blätter entfernen. Kurz vor dem Anrichten in heißem Olivenöl anbraten. Wassermelonen-Rettich mit der Aufschnittmaschine in dünne Scheiben schneiden und dann kleine Kreise ausstecken. Kurz vor dem Anrichten mit Olivenöl und etwas Salz würzen.

**Pommery-Senf-Vinaigrette:** Zutaten in einer Schüssel verrühren und in eine Spritzflasche füllen. 20 Minuten vor dem Anrichten aus der Kühlung nehmen. Von den Senfkohlblüten nur den mittleren Teil verwenden. Mit etwas Pommery-Senf-Vinaigrette marinieren.

**Hefe-Ravioli und Knoblauchblüten:** Die Hefe grob zerbröselt im Ofen bei 200° C ca. 10 Minuten aufgehen und setzen lassen. In einem breiten Topf Nussbutter zubereiten und die Hefe zugeben, kurz miteinander verrühren: Es wird sich trennen. Dann wenig Geflügelfond zugeben, sodass wieder eine homogene Masse entsteht. Die Knoblauchzehen in Butter weichziehen lassen und zu der Hefe-Butter-Masse geben. Im Thermomix ca. 8 Minuten auf Stufe 10 mixen. In Spritzflaschen füllen. Die Navetten hauchdünn aufschneiden, Kreise mit 2,5 cm Durchmesser ausstechen, kurz blanchieren und auf Küchenkrepp gut abtrocknen lassen. In die Mitte der Scheiben einen Punkt Hefepüree geben und dann zu einem Halbmond zuklappen. Abgedeckt im Kühlschrank aufbewahren. 5 Minuten vor dem Anrichten aus der Kühlung nehmen und mit Knoblauchblüten garnieren.

**Senfsaat-Schweinesauce:** Die Fleischabschnitte anrösten, Chouriço und Mirepoix zugeben und mitrösten. Gemüsezwiebeln und Äpfel zugeben. Korianderkörner, Fenchelsamen, Pfefferkörner, Kümmel und Lorbeer nach Belieben mitziehen lassen. Das Ganze 12–14 Stunden ziehen lassen und passieren. Senfsaat in einen kleinen Topf geben, mit Apfelsaft bedecken und leise köcheln lassen, bis sie weich ist. Im Apfelsaft auskühlen lassen. Kurz vor dem Anrichten 1 EL Sauce und 1 EL Senfsaat miteinander erhitzen.

**Knoblauchpüree:** Die Knoblauchzehen dreimal blanchieren (immer mit kaltem Wasser aufsetzen). Blanchierten Knoblauch in einen hohen Topf geben, mit Pflanzenöl bedecken und auf mittlerer Hitze 2–3 Stunden goldgelb backen. Passieren und im Thermomix mit Lorbeer, Salz, Pfeffer und etwas weißem Balsamico mixen. Durchstreichen und in eine Spritzflasche abfüllen. Vor dem Anrichten auf ca. 60° C erhitzen.

**Wasser marsch, Wein und autochthone Rinder**

In den Jahren 1996/97 setzten sehr heiße Sommer der Iberischen Halbinsel gewaltig zu. Wegen Wassermangels musste auch hier an der Algarve der Leitungsdruck gedrosselt werden. Ein Riesenproblem für eine Anlage wie das Vila Vita Parc. Unmengen Wasser braucht die Versorgung der Gäste, Unmengen Wasser die Beregnung der Parkanlage. Ja, es gibt Zisternen, für einen zwei bis drei Tagesbedarf. Letztlich aber war das Ressort zu einhundert Prozent vom Stadtnetz abhängig. So lautete denn die Order des Inhabers Dr. Pohl: Sucht einen Weg, um von dieser Wasserabhängigkeit loszukommen.

Was das Team fand, war ein Landgut im Alentejo mit einem eigenen 90 Hektar großen Stausee, ein Himmelsteich. Den erwarb man nebst 550 Hektar Ländereien drumherum. Für Alentejo-Verhältnisse eher bescheidene Ausmaße. Der Name: Herdade dos Grous. Wobei Herdade für ein großes Landgut steht, im Gegensatz zu einer kleinen Quinta. Dos Grous bedeutet zwei Kraniche. Dazu kaufte das Unternehmen einen Tanklastzug, der fleißig Wasser für die Beregnungsanlage an die Algarve lieferte. Die Zeiten sind längst vorbei. Heute versorgt eine Meerwasserentsalzungsanlage das Vila Vita. Und Dos Grous ist längst selbständig geworden und zu einem ansehnlichen Landgut mit Hotel und Restaurant sowie einer angesehenen Winery erwachsen.

Wir machen uns auf den Weg in die Nachbarregion. 134 Kilometer geht die Fahrt zunächst durch die Hügellandschaft der Algarve mit ihren Eukalyptus- und Pinienhainen und knorrigen Korkeichen, teils am mächtigen Stamm frisch geschält strecken sich deren bizarre Äste bis 20 Meter empor. Langsam weicht diese Landschaft der nahezu menschenleeren Hochebene des Alto Alentejo. Der regenlose Sommer hat die weite Kulturlandschaft ausgedörrt. Braun, Rot und Ockertöne soweit das Auge reicht. Durchbrochen vom fahlen Grün der Korkeichen. Dazwischen fast verloren wirkend ein paar Rinder und Schafe. Korkeichen sind für das Landschaftsbild prägend, hier ist das Hauptanbaugebiet in Portugal, gefolgt von der Algarve.

Bei Albernoa im Bezirk Beja verlassen wir die Autobahn und biegen auf das Gelände der Herdade ein. Deren Fläche ist mittlerweile auf 1.000 Hektar gewachsen. Seit 2013 wird das Anwesen von Direktor Aurélio Marcos Picareta geführt, der uns mit perfektem Deutsch empfängt. Was nicht verwunderlich ist, wenn man erfährt, dass er seine Jugend in Deutschland verbrachte und lange Jahre in der Schweiz und in Österreich gearbeitet hat.

# DAS LANDGUT DER

**Porco Preto**

Das schwarze Alentejo Schwein. Wie das Pata Negra Schwein in Spanien wird diese Rasse extensiv im Freiland gehalten. Dort weiden die Tiere und verleiben sich während der Mast vom Herbst bis ins Frühjahr bis zu zehn Kilogramm Eicheln ein. Und die Ölsäuren der Eicheln sind es auch, die dem genetisch bedingt gut marmorierten Fleisch sein unvergleichliches Aroma verleihen. Die extensive Haltung verlangt ein kräftiges robustes Tier mit natürlichen Instinkten und entsprechendem Lebenszyklus. Die Tiere wachsen langsam, zwölf bis 16 Monate dauert die Aufzucht. Für Wurstwaren werden etwas fettere und größere Tiere mit ca. 130 Kilogramm bevorzugt, für die Fleischproduktion liegt das Schlachtgewicht bei etwa 90 Kilogramm. Deutlich unterscheidet sich nicht nur das Fleisch, sondern auch das Aussehen von unseren mitteleuropäischen Hausrassen, denn das schwarze Alentejo Schwein hat andere Wurzeln. Sein Vorfahre ist das Sus scrofa mediterraneus, das südliche oder Mittelmeer-Wildschwein, eine Unterart der Stammform anderer Rassen, dem europäischen Wildschwein Sus scrofa. Überdies wurden in Mitteleuropa asiatische Rassen eingekreuzt, die vom Bindenschwein abstammen, um eine größere Fettausbeute zu bekommen. Iberische schwarze Schweine haben somit auch genetisch eine Sonderstellung.

# ZWEI KRANICHE

# DIE ALENTEJO

# ERLEBNISOASE

**Alentejo Rind**
Diese autochthone Rasse hat wie auch das spanische Retino seine Ursprünge deutlich in der Ur-Rasse Bos taurus turdetani, die in vorgeschichtlicher Zeit vom mittleren Osten aus in den Südwesten Europas einwanderte. Die Art spaltete sich in mehrere Rassen auf und bildet heute mehrere regionale Varietäten. Noch immer ist die Erscheinung des Alentejo Rindes die eines Wildtieres, kräftig und wehrhaft. Wie einst Auerochsen und Wisent mit imposantem Gehörn und tiefroter Farbe. Die robusten Tiere passen sich der jeweiligen Umgebung bestens an und eignen sich perfekt für die extensive Haltung. In den dichten Eichen- und Korkeichenwäldern des Alentejo fühlen sie sich merklich wohl und tragen dazu bei, die natürliche Vegetation der Landschaft zu pflegen und aufrechtzuerhalten. Die einstige Zwei-Nutzen-Rasse – Zugtier und Fleischlieferant – wird heute zur kulinarischen Verwendung gezüchtet. Dabei zeigt sich die Küche des Landes ideenreich. Rippen, Filet und Lende landen auf dem Grill. Ober- und Unterschalen werden paniert gebraten oder für Schmorgerichte und Ragouts verwendet, Rippen und Haxen wandern in Eintöpfe.

Zum Hauptgeschäft des Gutes gehören die Weinproduktion, Hotel und Gastronomie. Der Anbau von Früchten, Oliven und Gemüse sowie die Viehzucht dienen in erster Linie der Selbstversorgung und der Belieferung des Vila Vita Resorts, hauptsächlich mit Fleisch. Ein Großteil der Produktion ist biologisch. Ansonsten sind die Tiere Teil des Unterhaltungsprogramms für die Gäste, bei denen es gilt, sie in dieser einsamen Gegend zu beschäftigen, bei Laune und im Hotel zu halten.

Dazu hat der Direktor des legeren Landhotels ideenreiche Programme zusammengestellt. Klar gibt es wie überall Sportanlagen, einen Fitnessraum, Sauna und Schwimmbad. Aber Kanufahren auf dem eigenen See, durch die grandiose Landschaft reiten oder im Ballon darüber hinweg schweben sind schon coole Erlebnisse. Auch Workshops werden angeboten. Gemüse anbauen, ernten und zubereiten, Brot backen oder Tiere füttern. Wirklich lohnenswert auch das Bird Watching. Wer einmal die bunten Bienenfresser, den kuriosen Wiedehopf oder mächtige Adler sehen möchte ist hier richtig. Für Kinder gibt es Streichelziegen und Schafe.

Überhaupt ist in der wertläufigen Anlage immer wieder etwas zu entdecken. Durchstreifen die Besucher das Gelände entlang der von Zitronen- oder Olivenbäumen umsäumten Pfade – der Hofhund, ein Golden Retriever, schließt sich dann gerne an – gelangen sie zu einer Gärtnerei, zu einem Hühnerstall, zu einem Teich mit Gänsen, zu ein paar Straußen, zu einer großen Koppel mit schwarzen Alentejo Schweinen, zu einer Herde Alentejo Rinder oder zu einer Schafweide mit Merino Regional. Der Retriever versucht sich dort gerne mal als Schäferhund, was ihm deutlich nicht im Blut liegt.

Das Boutiquehotel verfügt über 30 Zimmer, verteilt auf drei Gebäude in Walking Distance. 24 Zimmer sind durchgängig von der deutschen Vermögensberatung belegt. Sehr komfortabel für den Direktor, der sich über eine 90–100 prozentige Auslastung freut. Die Gastronomie setzt auf typische Gerichte des Landes. Und das macht sie gut. Im Restaurant Herdade lässt es sich der Küchenchef nicht nehmen, ein Feuerwerk der traditionellen Alentejo Küche kombiniert mit modernen Garmethoden zu entzünden. Dazu verkosten wir die Weine der eigenen Produktion.

**Shootingstar, Mondphasen und Elite-Önologe**

Im Jahr 1996 fing Dos Grous an, erste Rebstöcke in die rote mineralische Erde zu setzen und langsam ein Weingut aufzubauen, das zu den Shootingstars in Portugal avancierte. Mittlerweile verfügt Dos Grous über 73 Hektar Rebflächen. Davon 60 Hektar Rotweine, die mit den hier herrschenden Temperaturen und dem Terrain besser zurechtkommen.

Die Blüte im Alentejo ist früh, entsprechend früh die Ernte. Wenn in anderen Regionen die Ernte beginnt, ist hier bereits alles im Keller. Bei über 40 Grad im Schatten kommen die Trauben fast heiß in die Adega (Bodega). Das bedeutet besonders bei den Weißweinen runterkühlen, um überhaupt verarbeiten zu können. Keine leichte Aufgabe, aber kein Problem für Elite-Önologe Luis Duarte. Duarte stammt aus dem Douro, doch hier im Alentejo feierte er als Weinberater für verschiedene Adegas seine großen Erfolge. Bei Dos Grous hat er quasi das gesamte Weinbusiness entwickelt.

Dos-Grous-Weine zählen zu den besten des Landes und werden international hoch geachtet. Besonders die typischen Rebsorten Trincadeira oder Aragonez arbeiten das Terroir aus Lehm, Kalk, Sand und Magnesium bestens heraus.

Der Weißwein ‚Herdade Dos Grous Branco' wird aus den heimischen Rebsorten Antao Vaz, Arinto, Roupeiro gekeltert. Ein ausdrucksstarker, eigenständiger Wein mit feinen Tönen von Zitrus, Exotik und Kräutern. Der Branco Reserva beherbergt ebenso die Antao Vaz Rebe zudem Verdejo und Viognier. Sechs Monate im Holzfass verleihen ihm Tiefe und Komplexität. Mit schöner Fülle und feinem Schmelz passt er hervorragend zur Landesküche, insbesondere zu den Meeresfrüchten.

Die Schlachtschiffe des Weinguts aber sind die Roten. Der ‚23 Barricas' ist ein Cuvee der besten Fässer, die Syrah und Touriga Nacional hervorbringen. Klar dominiert der Syrah mit tiefer Frucht und Saftigkeit. Trotz der heißen Sommer wirkt dieser Wein wie auch die anderen recht kühl. Eine Besonderheit ist der ‚Moon Harvested'. Die Trauben, 100 Prozent Alicante Bouschet, werden nach Rudolf Steiners biodynamischen Theorien während bestimmter Mondphasen gelesen. Dann, wenn unser Trabant einen guten Einfluss auf die Reben nimmt. Bei der Bestimmung der Phasen hilft ein Institut in Australien. Die intensive dichte Farbe des ‚Moon Harvested' birgt Kirsche, Brombeere und eine feine Vanillenote, die von zwölfmonatiger Barriquelagerung zeugt. Ein überzeugender Wein mit Saftigkeit und langem Abgang.

# ADEGA

**Merino Regional**

Im Hochmittelalter drangen Berberstämme aus Nordafrika auf die Iberische Halbinsel vor. Die Merinden, eine Berber Dynastie, betrieben Viehzucht und brachten ihre Schafe mit und verliehen der Rasse Merino ihren Namen. Noch heute leben ursprüngliche Merinos im Westen Marokkos. Anfänglich wurden Merinos nur der Wolle wegen gehalten. Von der produziert das Schaf große Mengen und in guter Qualität. Unter dem Flies eines ungeschorenen Merino ist das eigentliche Schaf kaum noch zu erkennen. Moderne Varietäten werden heute auch bedingt zur Fleischproduktion genutzt. Merinos wurden zunächst nur auf der Iberischen Halbinsel gezüchtet. Das spanische Königshaus verhängte bei Export die Todesstrafe. Erst gegen Ende des 18. Jahrhunderts gelangten Merinos ins restliche Europa und mit Auswanderern nach Neuseeland und Australien, heute die größten Produzenten von Merino Schafwolle.

# HERDADE DOS GROUS

# ALPINE WINTERKÜCHE
## EIN KOCH.CAMPUS IN OSTTIROL

Text: Thomas Ruhl

**Steinringers Sprinzen**

Hoch über dem Pustertal besuchen wir die Familie Steinringer, die einen mehrere hundert Jahre alten Erbhof im Nebenerwerb bewirtschaftet. Peter Steinringer ist gelernter Ofenbauer und der Kachelhersteller im ansehnlichen familieneigenen Ofenbaubetrieb. Ein uriger Kachelofen findet sich hier fast in jeder Küche, die zugleich der Mittelpunkt des Familienlebens ist. So gehen die Geschäfte gut und der Bauernhof ist reine Liebhaberei. Die fesche Anita, seine Frau, die sich selbst lächelnd als selbständige Bäuerin bezeichnet, ist zuständig für die Tiere. Im gepflegten Stall tummelt allerlei herum vom Kaninchen bis zum Ferkel. Der Stolz der Familie sind die Sprinzenrinder, die hier seit zehn Jahren gezüchtet werden.

Bei den Sprinzen, teils auch mit "tz" geschrieben und auch Pustertaler oder Schecken genannt, handelt es sich um eine autochthone Rinderrasse, die im Pustertal und seinen Nebentälern entstanden ist. Stark, langlebig, robust und gesund ist sie bestens an das Leben in den Bergen angepasst. Vermutlich gehen die Sprinzen aus Einkreuzungen von Tuxer Rindern aus dem Zillertal in hier beheimatete rote, braune und schwarze Bergkühe hervor. Mit der aufkommenden Tierzuchtwissenschaft Ende des 19. Jahrhunderts wurden die Pustertaler in züchterische Bearbeitung genommen und dieser einzigartige und unverwechselbare Rinderschlag entstand. 1857 tauchen erste Fotos von Pustertaler Rindern von der Landwirtschafsausstellung in Wien auf. Anfang des letzten Jahrhunderts wuchs ihr Bestand auf mehrere tausend Tiere, in den immer wieder die Rassen Tuxer und Pinzgauer eingekreuzt wurden. Die Züchtung neuer Hochleistungsmilchrassen setzte dem Sprinzenbestand arg zu. Anfang der 1950er Jahre gab es nur noch rund 300 von ihnen. Heute sichern ambitionierte Züchter den Erhalt der Rasse und deren genetische Vielfalt. In Österreich werden auf 80 Höfen gut 400 Tiere gehalten. Sprinzen bedeutet gesprenkelt. Diese wunderschöne Fellzeichnung zeigt sich in verschienen Farbschlägen. Der Kopf ist überwiegend weiß gefärbt, der bullige Körper zeigt größere Farbflecken in schwarz oder rot. Generell variiert die Musterung sehr stark. Manche Tiere sind überwiegend weiß. Wie die Kälber aussehen werden, kann der Züchter nicht erahnen. Die Sprinzen bergen einen gewaltigen Genpool in sich. Schwarzweiße Kühe können rote Kälber gebären und umgekehrt. Die Pustertaler Sprinzen sind Fleischrinder. Ihre Milch ist zwar gut und fettreich, aber die Milchleistung ist gering und der Laktosezyklus ist relativ kurz. Die Tiere haben einen guten Fleischansatz und eine rasche Gewichtszunahme. Schnell sind sie bepackt mit ordentlichen Muskeln, die sehr zartes und fein marmoriertes Fleisch hervorbringen. Der Eigengeschmack ist nicht zuletzt durch die sommerlichen Almgänge sehr sauber und klar. Daher sind Edelstücke ideal für Tatar, Carpaccio oder Kurzgebratenes. Bei Blindverkostungen setzt sich Sprinzenfleisch immer wieder in Punkto Aroma und Zartheit als Sieger durch. Diese Fleischqualität wurde einst schon bei Hofe geschätzt. Beim österreichischen Kaiser kam kein anderes Rind auf den Teller.

**Jenseits des Skizirkus**

Es ist der klirrendkalte Morgen des 7. Januar 2017. Von Kitzbühel kommend schlängelt sich die Straße hinab ins Pustertal. Es verläuft in Ost-West-Richtung durch den südlichen Teil der Alpen und wird durch die Grenze zu Italien geteilt. Geteilt? Nach Auffassung der Menschen, die dort wohnen, nein. Denn wir sind in Tirol.

Auch wenn die ehemalige Grafschaft nach dem Untergang der österreichisch-ungarischen Monarchie auseinandergeschnitten wurde, verstehen sich die Tiroler nach wie vor als Volksgemeinschaft. Im Vertrag von St. Germain nach dem ersten Weltkrieg 1919 verblieben Nord- und Osttirol bei Österreich. Süd- und Welschtirol, heute Trentino, wurden Italien zugeschlagen. Die Staatsgrenze spielt kaum eine Rolle. Sie ist weder Sprach- noch Kulturgrenze. "Und selbst wenn ich in Russland bin", erzählt uns eine alte Dame, "Ich bleibe immer Tirolerin".

Wir erreichen die imposanten Berge des Hochpustertals. Die Hohen Tauern mit ihrem bis zu 3800 Meter hohen Hauptkamm und weiter südwestlich die Dolomiten, Weltkulturerbe, gekrönt von der atemberaubenden Gipfelformation "Drei Zinnen" und einer filmkulissenreifen Landschaft wie um den Pragser Wildsee oder den Toblacher See.

Trotz der Kälte liegt hier im Bereich der südlichen Alpen so gut wie kein Schnee. Etwas auf den Gipfeln. Auf den Weiden im Tal nur ein Hauch von Reif auf dem winterlich braunen Gras. Das war in den letzten Jahren auch so. Vermutlich in Folge des Klimawandels bleiben planbare Niederschläge aus. Die Skigebiete haben sich darauf eingestellt und sich mit Ski-Kanonen bewaffnet. Schwere Geschütze, die Pisten wie weiße Zungen, die sich weithin sichtbar die Berge herabschlängeln, in die Schneisen blasen. "Hoffentlich schneit es nicht", flehen die Fahrer der Pistenraupen. Denn dann müssen sie den ganzen Tag räumen. Künstlicher Schnee ist mit natürlichem nicht kompatibel.

Nun, dort wo wir hinfahren ist das den Leuten, die vom Tourismus leben relativ egal. Weiße Laufbahnen für den Skizirkus gibt es dort nicht. Wir besuchen ein Tal, das sich dem sanften Tourismus zugewandt hat und zum erlesenen Kreis der Bergsteigerdörfer zählt. 20 Gemeinden und Talschaften mit traditioneller alpiner Geschichte, Orts- und Landschaftsbildern, vereint in dem Bestreben, dies dauerhaft zu erhalten.

**Im Zeichen des Ahornblattes**

Bei Heinfels, einem kleinen Örtchen nahe der italienischen Grenze, biegen wir direkt unter der markanten Burg aus dem fünften Jahrhundert in das Villgratental ein. Direkt neben der Straße der gleichnamige Bach, der hier sein Wasser der Drau übergibt. Eng hat er seinen Weg durch den Fels geschliffen. Die schmale Straße folgt seinem Lauf. Unentwegt bergauf.

Erst 1956 ist ihr Durchbruch ins Pustertal gelungen. Bis zu dieser Zeit waren die kleinen Streusiedlungen im oberen Teil des Tals nicht ganzjährig erreichbar. Dennoch ist das versteckte ursprüngliche Tal seit rund 900 Jahren besiedelt. Angeblich wurde es von Hirten auf der Suche nach Weidegründen entdeckt. Sie nannten es Tal des Ahorns. Bergahorn wächst in den Zentralalpen bis in eine Höhe von 2000 Metern. Mit Talhöhen zwischen rund 1300 bis 1600 Meter fanden diese Bäume hier ideale Lebensbedingungen. Heute herrscht ein Bewuchs aus Zirbelkiefern zwischen den Bergweiden vor. Aber immer noch ziert ein Ahornblatt das Gemeindewappen und die Gemeindezeitung nennt sich sinnigerweise "Ahorn Blatt".

Das Tal beherbergt eine kleine Schar an Gemeinden. Bei Außervillgraten öffnet sich die enge Schlucht des wilden Bachs und weitet sich zu einem wirtschaftlich nutzbaren breiteren Tal. Weiter aufwärts folgt Innervillgraten mit Panoramablick auf die Formationen der Villgratner Berge, ein Teil der Hohen Tauern. Riepenspitze, Rotlahner, Kreuzspitze mit bis zu 2700 Metern vor Kopf. Rechts der Hochstein mit gut 2000 Metern, links der Thurntaler mit 2400 Metern.

Kleine Straßen und Wanderwege führen in Serpentinen hinauf zu typischen Almen mit einem rustikalen Angebot wie es der Besucher erwartet. In Talrichtung aufwärts gabelt sich die Straße und führt linker Hand zum Kalkstein, rechts zur Oberstalleralm. Für Autos ist hier Schluss. Für Bergwanderer geht es hier erst richtig los.

# DAS VILLGRATENTAL

**Die Wolle des Herrn Schett.**
"Morgen früh holt euch der Sepp (Josef) Schett ab", heißt es, "Der ist Schafzüchter und zeigt euch seine Tiere". Der Sepp ist pünktlich auf die Minute am Hotel. Zugegebenermaßen hatte ich als Schafzüchter einen knorrigen alten Bauern erwartet. Dieser Mann hier jedoch ist zwar leger aber sehr gut gekleidet und spricht gewählt und bestes Hochdeutsch. Wir fahren zu seinem Hof, der in den Bergen am Kopf des Villgratentals auf 1550 Metern Seehöhe am Lahnberg klebt. Noch im Auto frage ich ihn "Sie sind doch nicht nur Schafzüchter?" Nein, Sepp Schett ist Unternehmer, sitzt im Landtag und ist treibende politische Kraft hier im Tal. Bergsteigerdorf zu werden war in erster Linie seine Initiative. Auch sein Hof ist in der Grundsubstanz ein historisches Gebäude. Seit 600 Jahren lebt und arbeitet die Familie hier. In der Küche mümmelt der Großvater an seinem Frühstück und die Frau des Hauses serviert mir einen Kaffee und selbstgemachtes Brot mit einer dicken Mohnschicht. Die ist mit Zuckerwasser gesüßt und dick mit Butterschmalz getränkt. Schett fing als Milchbauer an. Zu einer Zeit, in der für Kuhmilch eine strenge Quotenregelung galt. Sein Kontingent: 4800 Kilogramm pro Jahr. In die damalige D-Mark umgerechnet bescherte ihm das ein Jahreseinkommen von 3000 Mark. Natürlich kann man davon nicht leben. So ergriff er die Initiative und stellte auf Schafhaltung um. Produzierte Fleisch und Schafkäse mit seinen autochthonen Steinschafen und braunen Bergschafen. Nur die Wolle wollte keiner haben. Schett ließ die Eignung der Wolle prüfen und begann, selbst Produkte daraus herzustellen. Das war 1989. Heute hat sein Unternehmen Woolin 15 Mitarbeiter und stellt alles Erdenkliche aus Schafwolle her. Betten, Matratzen, Dämmstoffe... Diese vertreibt Schett weit über die Landesgrenzen hinaus. Im firmeneigenen Shop "Villgrater Natur" werden seine Produkte für den Hausgebrauch angeboten. Mittlerweile wird die Wolle von 70.000 Schafen aus Österreich verarbeitet.

**Typische Tiroler Schafrassen:**
Das Steinschaf ist einer der ältesten bekannten Rassen und die Stammform vieler jüngerer Züchtungen. Steinschafe haben sich extrem gut an die Lebensbedingungen in den Hochalpen angepasst. Sie bewegen sich geschickt in steilem Gelände und sind gegen die Unbilden der Witterung gefeit. Aus Kreuzungen dieser Rasse mit dem Bergamaskerschaf aus Norditalien ging das Tiroler Bergschaf hervor. Die recht großen Tiere sind rein weiß, hornlos und tragen lange Schlappohren. Das Tiroler Bergschaf wiederum ist die Stammform des braunen Bergschafs. Kräftige robuste Tiere, Böcke werden bis 120, weibliche Tiere bis 85 Kilogramm schwer. Die Urrasse Steinschaf bringt es gerade mal auf 75 bzw. 60 Kilogramm bei den Muttertieren. Zu erwähnen wäre noch das Villnösser Brillenschaf mit seinen typischen schwarzen Augenflecken. Es ist eine Südtiroler Unterart des Kärntner Brillenschafs.

**Innovations-Workshop in der Zirbelstube.**

Unser Ziel ist der historische Gannerhof in Innervillgraten, der als Restaurant und Hotel von der Familie Mühlmann geführt wird. Das Hauptgebäude wurde 1719 vom Probst des Stifts Innichen als Nunnhof errichtet. Ein Bauernhof als eine Art Altersheim für alleinstehende Frauen (Nunnen). 1879 kaufte Urgroßvater Michael den Hof vom "S'Gannerle mit'n Hundl" der beim "Rumpln" Spiel alles verloren hatte.

Zwei Generationen später bauten Monika, die kochen gelernt hatte, und Alois den Stall zum Gasthaus um und richteten im Stadl weitere Gästezimmer ein. Vier gab es zu diesem Zeitpunkt schon. Die ließen sich gut vermieten und verhießen ein besseres Einkommen als die Landwirtschaft. Die Gastronomie ließ sich gut an. Monika Mühlmann kochte zusehends ambitionierter und ihr Mann eignete sich Weinwissen an. Der Gannerhof avancierte zum "Hauben Betrieb".

1981 wurde Sohn Josef geboren. Mit 15 begann dieser bei seiner Mutter die Kochlehre und ging später "auf Saison". Rund um die Welt. Lernte Jakobsmuscheln und Leberpastete zu kochen und eignete sich moderne Techniken an. Heute ist er der Küchenchef des Anwesens, immer noch unterstützt von seinem Vater. Foie gras und Coquille St. Jacques kocht er nicht mehr, sondern Heimisches. Mit vielen Bauern der Gegend hat schon seine Mutter gearbeitet. Aber die neuen Kochtechniken hat er in die Küche des Gannerhof einfließen lassen.

Die Seele des Service ist Kati, die im feschen Dirndl serviert. Im Hintergrund arbeitet Josefs Frau Carola, die neben der Betreuung der zwei eigenen Kinder das Brot selber backt und die aktuellen Dekorationen auffrischt. Viel Bedarf ist da nicht, denn schon die Oma war einer Sammelleidenschaft verfallen, die sie an ihren Sohn vererbte. So ist das ganze Haus bis in den letzten Winkel mit regionalen Antiquitäten und Kuriositäten aufdekoriert. Dazwischen künstlerische Fotografien von Josefs Schwester Petra.

1988 kaufte die Familie den uralten Perlhof in Außervillgraten, ließ ihn abtragen und neben dem Gannerhof wieder errichten. Man rettete ihn damit vor dem Schicksal, als Feuerholz zusammengeschnitten zu werden. Zirbenholzhäuser, die auf einem Steinsockel stehen, sind die typische historische Bebauung. Das Nadelholz wird nicht imprägniert und erhält durch die Witterung seinen typischen Kastanienton mit schwarzgrauen Oxydationsspuren. Wird ein Teil morsch, wird es ersetzt. Neu eingefügt. An den alten Höfen ist das deutlich abzulesen. Alte noch gehauene Balken liegen über oder unter neuen glatteren, gesägten. So auch beim Perlhof. Dieser erweitert heute die Zimmerkapazität des Gebäudeensembles auf 24 Doppelzimmer. Alle mit Balkon und Schafwollbetten.

Mit uns treffen rund 40 weitere Gäste zu einem Innovationsworkshop ein. Thema ist die Alpine Winterküche. "Kulturgut aus armen Zeiten neu interpretiert" heißt es in der Ankündigung. Sechs Köche werden ihre Kreationen zu diesem Thema präsentieren. Veranstalter ist Koch. Campus in Kooperation mit Culinaria Tirolensis, einem Verein mit dem Ziel, die Tiroler Gastronomie über alle Grenzen hinaus zu fördern.

# IM GANNERHOF

**Der Koch.Campus**

Der Koch.Campus hat sich in Österreich als Thinktank der Top-Gastronomie etabliert, die für eine zeitgemäße österreichische Küche auf Basis heimischer Produkte steht. Mit Kapazundern (Koryphäen) wie Heinz Reitbauer, Steirereck; Thomas Dorfer, Landhaus Bacher und Andreas Döllerer, Döllerers Genusswelten an der Spitze will der Koch.Campus diese österreichische Kulinarik auch international bekannter machen.

Im deutschsprachigen Raum haben unsere Küche mit ihren regionalen Ausprägungen, die Gastlichkeit, die Weine und natürlich auch unsere Top-Köche hohe Bekanntheit und ein sehr positives Image. Doch außerhalb des deutschen Sprachraums wird Österreich rasch zu einem weißen Fleck auf der kulinarischen Landkarte.

Text: Klaus Buttenhauser

Klaus Buttenhauser, 49, ist Obmann und Mitbegründer des Koch.Campus. Zwischen 2002 und 2011 war er Chefredakteur und Geschäftsführer des Falstaff Magazins.

Auf internationaler Ebene gibt es, selbst bei Profis aus der Gastro-Branche, eine beträchtliche Informationslücke zwischen den Polen Schnitzel und Steirereck. Das Restaurant ist aktuell übrigens auf Platz neun der San Pellegrino-Top-50-Liste. Dieses Vakuum mit Facts und Emotionen zu füllen, ist ein wichtiges Ziel des Koch.Campus und seiner Mitglieder. Aber nicht nur. Ebenso wichtig ist es uns die "Hausübungen" in Österreich zu erledigen. Wir wollen gemeinsam einen Beitrag zum Selbstbewusstsein und zur Weiterentwicklung der österreichischen Küche leisten. Bei unseren gemeinsamen Koch-Events "Chef's Table", wie jenem zum Thema Alpine Winterküche im Gannerhof in Osttirol, steht die gegenseitige Inspiration im Mittelpunkt: nicht nur von Koch zu Koch, sondern auch von Bauer, Gärtner und Veredelungsbetrieb zum Koch und vice versa! Wissen und Erfahrungen zu teilen und darüber zu diskutieren war immer schon die Funktion eines Campus.

Die Kooperationsbereitschaft seiner Mitglieder ist ein Aspekt, der den Koch.Campus besonders auszeichnet. Das mag auch daran liegen, dass in Österreich jeder jeden über eine Ecke kennt. Aus meiner Sicht wiegt jedoch stärker, dass unsere besten Köche auch mit bestem Beispiel vorangehen und sich uneigennützig und engagiert in den Dienst der Sache stellen. Die Weiterentwicklung soll nicht nur dem eigenen Restaurant helfen. Jeder Gastronom und Koch, jede Gastronomin und Köchin soll daraus eine Inspiration für seinen, ihren Weg zu Qualität, Authentizität und regionaler Identität finden können.

Für den Aufbau eines kulinarischen Länderimages wäre ein Guide Michelin für ganz Österreich natürlich hilfreich, zwischen 2006 und 2009 war das jedenfalls so. In der Ausgabe 2009 verteilte der Michelin zehnmal zwei Sterne, 44 Mal einen Stern und 129 Bib Gourmand Auszeichnungen. Damit war über die kulinarischen Qualität und Dichte eigentlich sehr viel gesagt. Jammerschade, dass ein Update bisher nicht erfolgt ist. Denn empirische Erfahrungen legen nahe, dass es aktuell mehr Betriebe in Österreich sind, die in eine dieser drei Kategorien fallen würden – und mindestens einer hätte sich den dritten Stern verdient.

Diese Qualitätspyramide – eine sehr starke Spitze und ein qualitätsorientierter regionaler Mittelbau – unterscheidet Österreich von fast allen anderen Staaten Europas. Was uns auch ziemlich einzigartig macht ist, dass die Spitzengastronomie zu 90 Prozent aus klassischen Familienbetrieben besteht, in denen eine, zwei oder sogar drei Generationen der Betreiberfamilie für das Wohl ihrer Gäste tätig sind. Und ich gehe jede Wette ein, dass kaum ein Land in Europa glaubhafter mit dem Anspruch auftreten kann, regionale Produkte in Zusammenarbeit mit den Produzenten in der Spitzenküche auf breiter Basis zu veredeln. Nicht nur in kulinarischen Hotspots, sondern bis ins letzte Seitental und auf 3.000 Metern Seehöhe.

Bisher mangelt es in Österreich an einer konzertierten Kommunikation und der Erkenntnis, dass sich Österreich als kulinarische Destination sträflich unter Wert präsentiert. Der Koch.Campus setzt große Hoffnungen in ein neues Projekt des Landwirtschaftsministeriums, das seit Januar 2017 auch mit der Unterstützung aus EU-Mitteln zur Förderung des regionalen Raums, die Positionierung Österreichs als kulinarische Destination unterstützt. Der Koch.Campus ist Teil dieses sogenannten "Netzwerk Kulinarik" und konnte sich bereits in der Konzeptphase einbringen. Der Start verläuft verheißungsvoll. Es gibt viel zu tun, also packen wir's an!

Goßes Foto: Die Akteure des Koch.Campus im Gannerhof. Obmann Klaus Buttenhauser im karierten Hemd.

In eigener Sache: Wir bedanken uns bei Küchensystem Werner F. Redolfi, Lohberger Küchen, Vöslauer Mineralwasser, WILDKULTUR Fisch und der Ölmühle Fandler für die Unterstützung und freuen uns auf weitere gemeinsame Projekte!

# ZWISCHEN SCHNITZEL UND STEIRERECK

Die Mitglieder des Koch.Campus in alphabetischer Reihenfolge, siehe auch: kochcampus.at/mitglieder. **Thomas Dorfer**, Landhaus Bacher • **Andreas Döllerer**, Döllerers Genusswelten • **Josef Floh**, Gastwirtschaft Floh • **Gerhard Fuchs**, Die Weinbank • **Manuel Grabner**, Rote Wand • **Paul Ivic**, Tian • **Josef Mühlmann**, Restaurant Gannerhof • **Hannes Müller**, Die Forelle • **Lukas Nagl**, Das Bootshaus • **Benjamin Parth**, Yscla Stube im Hotel Yslca • **Thorsten Probost**, Griggeler Stuba im Burg Vital Resort • **Helmut und Philip Rachinger**, Mühltalhof • **Richard Rauch**, Steira Wirt • **Heinz Reitbauer**, Steirereck • **Andreas Senn**, Senns Restaurant • **Tobias Schöpf**, Fuxbau • **Josef Steffner**, Mesnerhaus • **Max Stiegl**, Gut Purbach • **Hubert Wallner**, See Restaurant Saag, Techelsdorf

Weitere Mitglieder: **Robert Brodnjak**, Krautwerk • **Klaus Buttenhauser**, Obmann Koch.Campus • **Marcus Gruze**, Weingut Georgium • **Albert Gesellmann**, Weingut Gesellman • **Gernot Heinrich**, Weingut Heinrich • **Manfred Höllerschmid**, Fleischwaren Höllerschmid • **Franz Leth**, Weingut Leth • **Emanuel Moosbrugger**, Hotel Schwanen • **Bernhard Ott**, Weingut Ott • **Manuel Ploder**, Weingut Ploder-Rosenberg • **Reinhard Pohorec**, Spirits & Sensory Experte, Bartender • **Hans Reisetbauer**, Brennerei Reisetbauer • **Wolfgang Schenk**, Kassier Verein Koch.Campus • **Josef Spindler**, Ölmühle Fandler • **Verein Arche Noah** • **Werner Redolfi**, Küchensystem Redolfi

**In alten Zeiten**

Nun geht es beim Koch.Campus Alpine Winterküche nicht darum, ein Best-of von Omas Gerichten neu aufzulegen. Hingegen wird die Veranstaltung "den soziostrukturellen Input durch einen wissenschaftlichen ergänzen". In Person machte das Dr. Fritz Treiber vom Geschmackslabor der Uni Graz, der "alte Konservierungsmethoden, das Fermentieren, Suren, Pökeln, Einwecken und Räuchern wissenschaftlich durchleuchtet und die ablaufenden Prozesse erläutert".

Unter den Referenten sind auch der Gründer und langjährige Direktor des Südtiroler Landesmuseums für Volkskunde, Dr. Hans Grießmair sowie zwei Damen aus dem Tal, die Lusser Barbara und die Lusser Maria. Alle in einem Alter, in dem sie glaubhaft aus alten Zeiten erzählen können. Grießmair erläutert die Säulen der bäuerlichen Vorratshaltung und deren Erwirtschaftung, die zur eigenen und zur Ernährung der anderweitig tätigen Bewohner diente.

**Text: Thomas Ruhl**

Das große Problem dabei war die Überwinterung. Grundsätzlich konnte sich einst ein Hof nur innerhalb der Vegetationszonen für Brotgetreide halten. Brot war die wichtigste Säule der Ernährung. Mit dem Eintreten der kleinen Eiszeit im 14. Jahrhundert verschob sich diese Wachstumszone deutlich nach unten. Je nach Tal und dessen lokalklimatischen Bedingungen ist sie in den Alpen recht schwankend. Das Brotgetreide der Berge war der Roggen, der im Herbst ausgesät und im Sommer geschnitten wurde. Dort wo das Wetter das Ausreifen nicht zuließ, hängten die Bauern die Ähren auf Harpfen, Holzgestelle, für ein paar Wochen zum Nachreifen.

Gedroschen wurde im November und Dezember. Fast jeder Hof hatte eine eigene Mühle, die mit Wasserkraft betrieben wurde. Auch im Villgratental, wo die Höfe wie Schwalbennester in den Bergen kleben, sind noch alte Mühlen zu bewundern. Wasserkraft war aber nicht immer verfügbar, wie im Winter wenn die Bäche zufroren. Daher wurde drei- bis viermal pro Jahr auf Vorrat gebacken. Brot, das nicht frisch verzehrt wurde, ließ die Bäuerin steinhart trocknen und servierte es zum Tunken in Milch oder in der Brennsuppe. Das war bis in die 1950er Jahre so, berichtet die Lusser Maria. Bis es Tiefkühltruhen gab. Die Lagerhaltung war kritisch, eine Katastrophe, wäre der Familienvorrat von 200–250 Kilogramm verloren gegangen. So wurde Roggen in Truhen wie Gold verwahrt. Sicher vor Mäusen und ihren Feinden den Katzen, die liebend gern ihr Geschäft im Korn verscharren. Dann wäre alles verloren gewesen.

Ein weiteres Getreide war der Hafer. Der eignet sich freilich nicht zum Brotbacken. Aus ihm kochten die Bäuerinnen Brei. Später führte die Landwirtschaft ein Wundergetreide aus Amerika ein. Den Mais, hier wird er Türken und in Altbayern und Oberösterreich Kukuruz genannt. Brachten Weizen und Roggen Erträge von 1:5, später 1:10, so überzeugte der Mais mit 1:70.

Die zweite Säule der Landwirtschaft bildeten weitere Feldfrüchte. Weiße Erbsen und die scheckige oder braune Ackerbohne lieferten wichtige Eiweiße als Bestandteil einer allabendlichen Suppe, die zum Festessen geriet, wenn ein Stück Geselchtes (Geräuchertes) oder eine Speckschwarte darin schwamm. Das galt auch für das beliebte Sauerkraut, mit Salz durch Milchsäurebakterien fermentiert war es Vitamin-C-Lieferant. Als weiterer Gesundmacher stand die Rübe zur Verfügung aus der Rübenkraut gekocht wurde. "Kimmt die Ruibe ins Haus, muss der Dokta zur Tür hinaus", heißt es im Volksmund. Noch heute stellt Richard Bachmann Osttiroler Rübenkraut nach alter Tradition mit selbstvermehrten samenfesten Öberster-Rüben her.

Goßes Foto: Dr. Hans Grießmair, Maria und Barbara Lusser

# ARME BAUERN, HARTES LEBEN

**Zuwanderer aus Südamerika**

Wichtigster Einwanderer auf dem Acker waren die "Erdäpfel". Die Knolle aus den Anden gedeiht in den Alpen prächtig und liefert beste Erträge bis in höchste Höhen. Um 1800 war die Kartoffel in dieser Gegend noch nicht verbreitet. Doch schon in den schweren Hungersnöten um 1820 war sie das "Brot der Armen". 300 Kilogramm verzehrten die Menschen einst jährlich von dieser Frucht. Bedenken wir, dass ein Mitteleuropäer 1,45 Kilogramm Lebensmittel pro Tag, also rund 530 Kilogramm pro Jahr ohne Getränke vertilgt, wird die Bedeutung der Kartoffel deutlich. Bei uns Deutschen macht die Knolle nur noch neun Prozent der Ernährung aus.

Ein weiterer Zuzügler auf dem Acker war der Buchweizen, in Tirol Schwarzplenten genannt. Sein Anbau ist in höheren Regionen problematisch. Die Bäuerinnen erstanden ihn als Mehl und fertigten unter Zugabe von ordentlich Butterschmalz kräftige Kost für Schwerstarbeiter wie Brei oder Knödel, wenn das Holzfällen anstand. Und es sind wieder die Lusser Damen, die anmerken, dass sie auch immer Mohn angebaut hätten. Für Süßes und zum Füllen.

Säule drei der Ernährung und der Vorratswirtschaft bildete die Milch. Freilich ist sie nicht haltbar. Aber ihre Produkte wie Labkäse mit salziger Kruste halten sich über Jahre. Mit dem Käse konnte gehandelt und getauscht werden. Und mit ihm wurde auch gezinst, sprich Steuern entrichtet. Freilich aßen der Adel und der Klerus den ganzen Käse nicht selbst. Durch den Handel wurde er zu Geld. Aber nur große viehreiche Almen können solchen Labkäse herstellen. Zur Käseproduktion braucht es Masse. Viel Milch. Kleine Bauern ließen die Milch säuern und erhielten so Quark (Topfen) und produzierten den für diese Gegend typischen Graukäse. Sein Nachteil ist eine kurze Haltbarkeit. Früher, vor dem Kühlschrankzeitalter, war auch Madenbefall ein Problem.

Butter konservierte die Hausfrau durch Zerlassen – gesotten nennt das unsere alte Dame. So entsteht Butterschmalz, der endlos haltbar ist. Und ein ansehnlicher Schmalzhaufen war der ganze Stolz einer richtigen Tiroler Bäuerin. Um 1870/1880 löste Schweineschmalz dieses Produkt langsam ab.

Säule vier war das Fleisch. Das spielte rund um das Pustertal nie eine große Rolle. Dort wo viel Kleinviehwirtschaft betrieben wurde, z. B. im Vinschgau war das etwas anders. Ein Zicklein oder ein Lämmchen kann der Landwirt eher entbehren, als ein Kalb aus der in dieser Gegend einst vorherrschenden Milchwirtschaft. Fleisch gab es selten. Mal verunfallte eine Kuh in der steilen Bergwelt und musste geschlachtet werden oder eines der ein bis zwei Schweine des Hofes wurde vor Weihnachten gestochen. Dann pökelten die Bauern das Fleisch oder selchten es. Ein bisschen aß die Familie, der Rest war Teilentlohnung für Handwerker oder Holzzieher im Winter. "Ja, denen hat man ein Stück geben müssen", bekräftigt die Lusser Barbara.

Auch Würste aus Schweinefleisch wurden hergestellt. Ein bisschen gestreckt mit dem Fleisch einer alten Kuh oder dem eines ausgedienten Esels oder Mulis. Diese alten Lasttiere konnten auf einem traditionellen Markt in Bozen erworben werden. Überall wo es sie gab, stachen die Bauern in den Wintern Murmeltiere. Gewusst wo die Bauten sind, ist das kein Problem, da die Nager tief und fest schlafen. Ihr Fett nutzten die Bergbewohner für medizinische Zwecke, ihr Fleisch wurde gegessen. Das brachte die Tiere vielerorts bis an den Rand der Ausrottung. Säule fünf schließlich bildeten Obst und Beeren. Birnen, Pflaumen und Äpfel wurden gedörrt. Preiselbeeren und Holunder getrocknet. Das Einkochen wurde erst in Napoleonischer Zeit bekannt und auch das Kochen von Marmelade konnten sich die Bauern erst leisten als der Rübenzucker die süße Zutat erschwinglich machte.

# RINDVIECHER UND GRAUKÄSE

### Tiroler Graukäse

Kurz hinter der italienischen Grenze in Vierschach liegt der Veiderhof. Dort produzieren Paul und Maria Weitlaner den typischen Graukäse der Region. In 2010 starteten sie die Produktion, um die Weitschöpfung ihres kleinen Milchbetriebs zu steigern. Der reine Milchverkauf reichte nicht zum Leben. Paul musste in der Wintersaison zusätzlich an den Skiliften arbeiten. Heute ist er stolz, von seinem Beruf als Bauer voll und ganz leben zu können: Mit seinen rund zwölf Milchkühen lassen sich um die 5000 Kilogramm Käse pro Jahr erzeugen, die Paul Weitlaner herstellt und seine Frau Maria vermarktet. Abnehmer sind Gastronomen und der regionale Lebensmittelhandel. Der Graukäse war früher ein Produkt der armen Kleinbauern, die nicht genug Milch hatten, um wertvolleren Labkäse zu produzieren. Nach Abschöpfen des Rahms, der zur Herstellung von Butter bzw. Butterschmalz gebraucht wurde, stellte die Bäuerin die verbliebene Magermilch neben den Kachelofen. Dort dickten Milchsäurebakterien sie ein. Dieser Vorgang ist auf dem Veiderhof modern technisiert. Die Trennung von Rahm und Magermilch erfolgt per Zentrifuge und zur Dicklegung werden spezielle Bakterienkulturen und ein wenig in Milch gelöster Altkäse zugefügt. Diese Mixtur wandelt den Milchzucker zu Milchsäure. Die Flüssigkeit wird sauer und die Caseine verbinden sich zu einer Gallerte. Dieser ohne Zugabe von Lab gestockte Brei wird sorgsam gerührt, um die Molke vom Topfen zu trennen. Schließlich erwärmt der Käser die Masse und wendet mehrmals die Topfenschicht, die sich oben absetzt. Abgeschöpft tropft sie in Tüchern aus. Dann wird sie gesalzen, eventuell gewürzt und zur Reifung bei 15–20 Grad in Formen gegeben. Die Reifedauer ist im Vergleich zu Labkäse sehr kurz. Ein paar Tage, maximal ein paar Wochen. Auch die Haltbarkeit ist gering. Der junge Käse, der "Topfige" hat ein weißes Inneres und eine dünne graue Edelschimmelrinde. Durchgereift heißt er hier der "Speckige", seine Masse ist komplett gelbgrau und bröckelig, oft mit weißen "topfigen" Einschlüssen. Der Begriff "Tiroler Graukäse" ist durch eine europäische Ursprungsbezeichnung geschützt.

**Chef Präsentation**
Die Präsentation der Köche soll eine Auseinandersetzung mit dem Innovationspotential der traditionellen Alpenküche anstoßen. Die modernen zeitgemäßen Gerichte verwenden typische regionale Produkte und teils althergebrachte Konservierungstechniken. Alle Rezepte sind eigens für diesen Koch.Campus entwickelt.

# RÜBENKRAUT SCHLUTZER

**Teig:** 400 g Roggenmehl • 100 g Weizenbackschrot • 300 g Weizenmehl • 12 Eigelbe • 3–4 Eier • Salz • etwas neutrales Öl • **Fertigstellung:** Zirbenkerne • Rübenkraut von Richard Bachmann • Olivenöl zum Anbraten • Kalbsfond • je 20 ml Rotwein-, Ahorn und Balsamessig • **Außerdem:** eingesalzenes und 2 Monate getrocknetes Eselsfleisch • trockenes Roggenbrot • Senfkraut

**Teig:** Alle Zutaten zu einem homogenen Teig verarbeiten und ruhen lassen.

**Fertigstellung:** Zirbenkerne bei ca. 100° C im Ofen ohne Fett goldbraun rösten. Teig auf bemehlter Arbeitsfläche dünn ausrollen und kreisrund ausstechen. Mittig abgetropftes Rübenkraut aufsetzen, zusammenklappen und ohne Luftblasen verschließen. Ränder mit wenig Wasser befeuchten. Etwas Olivenöl in einer Pfanne erhitzen und die Teigtaschen darin beidseitig goldbraun anbraten. Mit Kalbsfond ablöschen und weiterschmoren. Essige zu gleichen Teilen zu einer Mischung vermengen.

**Anrichten:** Teigtaschen auf Teller drappieren und mit etwas Bratenfond aus der Pfanne nappieren. Einen Löffel der Essigmischung dazugeben und angeröstete Zirbenkerne darüberstreuen. Das Roggenbrot reiben und darüber geben und mit Senfkraut garnieren. Das dünn aufgeschnittene Eselsfleisch dazulegen.

Gastgeber
**JOSEF MÜHLMANN**
Gannerhof
www.gannerhof.at

**Yacónwurzel:** angebaut von Robert Brodnjak – Gemüseanbau Krautwerk in Großmugl
Yacón (Smallanthus sonchifolius, Syn.: Polymnia edulis, P. sonchifolia) ist eine Pflanzenart aus der Familie der Korbblütler (Asteraceae). Andere Trivialnamen in verschiedenen Sprachen sind: Aricoma, Arboloco, Aricona, Arikuma, Colla, Chiriguano, Ipio, Inkawurzel, Jacón, Jicama, Jiquima, Jikima, Jiquimilla, Leafcup, Llacon, Llacoma, Mexican potato, Polaco, Poire de terre, Potato bean, Puhe, Shicama, Taraca, Yacuma, Yacumpi. Sie stammt aus Südamerika und wächst in der peruanischen Hochebene in den Anden, wo sie seit Jahrhunderten als Nahrungsmittel genutzt wird. Der Geschmack erinnert etwas an eine Birne.

# GESÄUERTER SCHWEINSKOPF & GERÄUCHERTE HIRNCREME...

**... Yacónwurzel, Schwarzbrotkruste, Waldviertler Kümmelmilch & Colatura di Alici**

**Gesäuerter Schweinskopf:** 1 Schweinskopf, gepökelt • 2 Schweinsfüße • 300 g Sellerie • 300 g Karotten • 1 Lauchstange • 2 Zwiebeln • 2 Lorbeerblätter • Pfefferkörner • Senfkörner • Wacholder • 1 Speckschwarte • Hesperiden-Essig • Dijonsenf • schwarzer Pfeffer • Salz • **Hirncreme** (inspiriert von Richard Rauchs "Hirnmayonnaise"): 250 g Schweinehirn, gewässert und geputzt • 70 g Schalottenjulienne • 50 g Butter • 2 EL Kapern • 2 Bio-Eier, weich gekocht • 2 EL Colatura di Alici (italienische Sardellensauce) • etwas Majoranöl (Johannes Pinterits) • schwarzer Pfeffer aus der Mühle • 80 g braune Butter • **"Fermentierte" Gurken:** 80 g Honig • 50 g Miso • 30 g Senf • 60 g Sojasauce • 50 g Gurkenessig • Mörsern: 5 g Senfsaat • 5 g Koriandersamen • 5 g Fenchel • 2 Lorbeerblätter • 20 g Dill, frisch • 100 g Sonnenblumenöl • 3 Gurken • **Zwiebelmarinade:** 700 g kleine italienische rote Zwiebeln • 1 l Wasser • 150 ml weißer Balsamessig • 250 ml Golden-Delicious-Essig (Gegenbauer) • 180 g Zucker • 35 g Salz • 1/2 EL Senfkörner • 1–2 Lorbeerblätter • etwas Fenchel • Pfefferkörner • Koriandersamen • Piment • etwas frische Chilischote • etwas Xanthan • **Apfel-Zwiebel-Vinaigrette:** • 200 g rote Zwiebeln, gehackt • 80 g grüner Apfel, klein gewürfelt • 80 g Radieschen, klein gewürfelt • 40 g weiße Schalotten, blanchiert • 80 g fermentierte Gurkenwürfel • schwarzer Pfeffer • Zwiebelmarinade • **Geschäumte Kümmelmilch:** 100 g weiße Zwiebeln • 100 g Stangensellerie • 50 g Knollensellerie • 80 g Fenchel • 140 g Butter • 2 l leichte Bouillon • 300 ml Milch • 600 ml Sahne • 350 g Sauerrahm • etwas Mehl • Waldviertler Kümmel, ganz kurz gemörsert • weißer Balsamessig • 1 Spritzer Hesperiden-Essig • Salz • etwas geriebene Muskatnuss • 1 Prise Cayennepfeffer • **Schwarzbrotkruste:** 100 g Sauerteigbrot mit Rinde • 10 g Estragonsenf • 25 g Dijonsenf • ca. 60 g Wasser

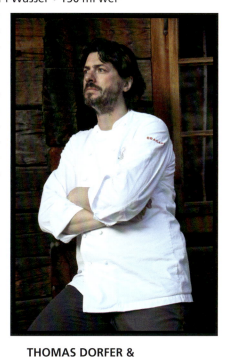

**THOMAS DORFER & SOUSCHEF SIMON WAGNER**
Landhaus Bacher, Mautern, Niederösterreich
www.landhaus-bacher.at

**Gesäuerter Schweinskopf:** Schweinskopf und Füße mit Wasser bedecken und mit Gewürzen, Gemüse und Speckschwarte weichkochen. Aus dem Sud heben, Maske und Fleisch ablösen. Sud passieren und einkochen. Maske und Fleisch sauber parieren und in 1 cm Würfel schneiden. Mit dem stark eingekochten Sud mischen und nochmals mit Apfelessig, Dijonsenf, schwarzem Pfeffer und evtl. etwas Salz abschmecken. In eine Form geben und 48 Stunden gut durchkühlen.

**Hirncreme:** Schalotten in der Butter anschmoren, das gehackte Hirn zugeben und kurz rösten. Kapern und die weich gekochten Eier dazugeben und mit dem Hirn mischen. Mit Colatura di Alici, schwarzem Pfeffer und Majoranöl würzen. Im Thermomix mit der braunen Butter zu einer homogenen Creme mixen.

**"Fermentierte" Gurken:** Aus den Zutaten eine Marinade herstellen. Die Gurken mit der Marinade im Vakuumbeutel bei 68° C für 6–8 Stunden garen. Anschließend im Excalibur trocknen.

**Zwiebelmarinade:** Rote Zwiebeln ohne Wurzelansatz in Spalten schneiden und auf Gläser verteilen. Die weiteren Zutaten zusammen aufkochen. Mit etwas Xanthan binden und 20 Minuten ziehen lassen. Durch ein Sieb abgießen und heiß über die roten Zwiebeln gießen. Die Gläser bei 90° C im Dampf für 20 Minuten sterilisieren.

**Apfel-Zwiebel-Vinaigrette:** Alle Zutaten mit der Zwiebelmarinade zu einer Vinaigrette rühren und abschmecken.

**Geschäumte Kümmelmilch:** Gemüse in walnussgroße Stücke schneiden und in Butter langsam farblos anschmoren. Gemörserten Kümmel dazugeben und mit Essig ablöschen, etwas einkochen und mit Bouillon, Sahne und Milch aufgießen. Vorsichtig köcheln lassen und durch ein Sieb abgießen. Sauerrahm mit Mehl verrühren und zur Bindung in die heiße Kümmelmilch einrühren. Mit Salz, Cayennepfeffer, Muskat und evtl. etwas weißem Balsamessig abschmecken. Mit dem Stabmixer aufschäumen.

> Thomas Dorfer hat das Zepter in der Küche von der Grand Dame der österreichichen Gastronomie Lisl Wagner-Bacher übernommen. Als der Michelin Österreich noch bewertete erhielt das Restaurant zwei Sterne, die hätte es heute zumindest auch verdient. Thomas ist seit 2006 mit Susanne Dorfer-Bacher verheiratet.

**Schwarzbrotkruste:** Zutaten zu einer homogenen Masse rühren, in Rollen formen und einfrieren. Mit der Microplane auf Silpatmatten reiben und bei 160° C für 4 Minuten knusprig backen.

# BAUCH VOM WEISSENSEER WILDFANG-SCHUPPENKARPFEN...

... Schweineschmalz, Had'n, Rattachmuas, Selchfond & Schnittlauch

**Karpfen:** 4 Steaks vom ausgelösten Karpfenbauch, gut gewässert • 1 EL Schweineschmalz • Fleur de Sel • geschroteter Had'n • **Schnittlauchöl:** 100 g frischer Schnittlauch • 200 ml neutrales Rapsöl • **Had'n:** 4 EL Had'n, geschält (Buchweizen) • **Rattachmuas:** 2 Knollen Schwarzer Rettich • 1 Kartoffel, mehlig, gekocht und passiert • Salz • Pfeffer • 1 EL Sauerrahm • **Außerdem:** 1/4 Knolle fermentierter Schwarzer Rettich • 1/8 l Fond von ausgekochtem Selchfleisch (Rauchfleisch)

**HANNES MÜLLER**
Die Forelle, Weißensee, Kärnten
www.forellemueller.at

**Schnittlauchöl:** Schnittlauch zusammen mit dem Rapsöl im Thermomix auf 50° C erhitzen. Durch ein Passiertuch in eine auf Eis gelagerte Schüssel gießen, damit die Farbe erhalten bleibt. Lichtgeschützt und gekühlt aufbewahrt ist das Öl sehr gut haltbar.

**Had'n:** Die Buchweizenkörner in Wasser butterweich kochen und dann im Dehydrator trocknen. Anschließend im Küchencutter leicht mahlen / schroten.

**Rattachmuas:** Schwarzen Rettich schälen und mit einer Reibe ganz fein reiben. Mit Salz würzen und anschließend mit der passierten Kartoffel und dem Sauerrahm marinieren. Etwa 1 Stunde ziehen lassen.

**Karpfen:** Karpfenbauch mit Schweinschmalz einreiben und unter der Wärmelampe konfieren bis das Karpfenfleisch glasig ist. Mit Fleur de Sel leicht würzen und anschließend die gemahlenen Had'nkörner darauf streuen.

**Anrichten:** Rattachmuas leicht temperiert in einer Schüssel anrichten. Karpfenbauch daraufsetzen und das Schnittlauchöl zusammen mit dem Selchfond eingießen. Den fermentierten Rettich mit einem Trüffelhobel darüber hobeln.

Die Forelle ist ein familiengeführtes Genießerhotel. Das Reich von Hannes ist die Küche. Mit gutem Gespür für Qualität werden hier vorwiegend Produkte des nahen Umlandes verarbeitet: Fische aus dem Weißensee, Schafskäse oder Biomilch. Wie das Hotel ist auch das Restaurant ein Ort zum Entschleunigen. Gekocht und serviert wird mit Liebe und Ruhe. Müller wurde in den Betrieb, seinerzeit noch eine Frühstückspension, hineingeboren. So lag der Besuch der Hotelfachschule nahe. Nach Stationen in Wien, Salzburg und den USA kehrte er 2002 mit seiner Frau Monika zurück und erkochte sich zwei Hauben.

# RINDERRÜCKEN...

**... Zimtwurzel & Sellerie**

Rezept für 6 Personen
Rinderrücken, im Rindertalg für 3 Monate gereift • **Zimtkartoffel / Cubio:** Zimtkartoffeln / Cubio • Rinderfett • Pfeffer • Salz **Selleriecreme:** 2 Knollensellerie • 400 g Sellerie • 100 g Sahne • 50 g Butter • Selleriesalz • **Außerdem:** Schnittlauchöl • Olivenöl

**HUBERT WALLNER**
See Restaurant Saag, Techelsdorf, Kärnten
www.saag-ja.at

**Rinderrücken:** Fleisch mit Salz und Pfeffer würzen und in einer Pfanne anbraten. Im Ofen bei 88° C je nach Dicke ca. 40 Minuten rosa garen. Dann auf 66° C reduzieren und für ca. 20 Minuten das Fleisch rasten lassen. Vor dem Anrichten nochmals kurz in einer Pfanne anbraten und dann in dünne Scheiben aufschneiden.

**Cubio:** Zimtkartoffeln säubern und in Rinderfett 15–18 Minuten weichgaren. Das Fett darf nicht zu heiß sein, max. 90° C. Dann die Wurzeln halbieren und in einer Pfanne anbraten und mit Salz und Pfeffer würzen. Eine Wurzel roh in dünne Scheiben hobeln und kalt stellen.

**Selleriecreme:** Die beiden Knollensellerie entsaften und 400 g Sellerie im Selleriesaft weich kochen. Dann im Thermomix mit Sahne und Butter zu einer feinen Creme aufmixen. Mit Selleriesalz abschmecken.

**Anrichten:** Gebratene Cubio auf dem Teller anrichten und mit der Selleriecreme Punkte verteilen. Das Fleisch aufschneiden, mit Salz und Olivenöl würzen und am Teller anrichten. Mit Schnittlauchöl und den rohen Cubiowurzelscheiben verfeinern.

Wallner ist Sohn einer Hotelier- und Fleischerfamilie. Seine Mutter führte ihn an das Kochen heran. Als Jungkoch sammelte er unter anderem Erfahrungen bei Hans Haas, Heinz Hanner und Toni Mörwald. In der Schweiz wurde er Küchenchef. Jetzt hat er im See Restaurant Saag direkt am Ufer des Wörthersees seine Heimat gefunden. Im Sommer sitzt der Gast phantastisch auf der Terrasse. Wie über dem Wasser schwebend und durch große Bäume gut beschattet. Wallners Alpen-Adria-Küche rangiert in der Spitzenliga und ist mit drei Hauben bewertet.

# GAILTALER RIPPERL...

**... Süßlupine & Sauerfenchel**

**Sauerfenchel:** 1 kg Fenchel • 50 g Naturjoghurt • 500 g Wasser • 45 g Salz • Distelöl • **Süßlupinenmarinade:** 50 ml Waldhonig • 100 ml Süßlupinensauce • 30 g Ingwer, geschält • 10 g Knoblauch, geschält und entkeimt • **Gailtaler Ripperl:** 2 kg Gailtaler Schweinerippen • Salz • Voatsiperifery-Pfeffer • 10 Knoblauchzehen, geschält und entkeimt • **Paprikasenf:** 1 kg Paprika • 100 g Schalotten, geschält • 6 Knoblauchzehen, geschält und entkeimt • 50 g Olivenöl • 50 g weißer Balsamessig (Gölles) • 6 Tropfen Senape • **Tomatillochutney:** 200 g Tomatillos • 50 g Schalotten • 30 g Ingwer • 2 Knoblauchzehen, geschält und entkeimt • 50 g weißer Balsamessig (Gölles) • Salz • Grains of Paradise • **Ripperlsauce:** 60 g Schwarze Gams (Loncium) • 150 g Schweinejus • 40 g Süßlupinensauce • Butter

**Sauerfenchel:** Fenchel waschen und mit Joghurt, Wasser und Salz in ein Gärgefäß geben. Den Fenchel mit Steinplatten beschweren, sodass er nicht abtrocknen kann. Das Gefäß mit einem Gärspund verschließen und drei Wochen bei 23° C lagern. Den Fermentiersaft abseihen und pasteurisieren. Zur Verwendung den Sauerfenchel fein schneiden und mit dem Saft und Butter glasieren. Mit Distelöl abschmecken.

**MANUEL RESSI**
Bärenwirt, Hermagor, Kärnten
www.manuelressi.com

**Süßlupinenmarinade:** Süßlupinensauce mit Waldhonig, Ingwer und Knoblauch aufkochen, auf ein Drittel einkochen, abseihen und kalt stellen.

**Gailtaler Ripperl:** Die Rippen mit Salz, gestoßenem Pfeffer und fein geschnittenem Knoblauch marinieren und vakuumieren. Bei 94° C für 8 Stunden dämpfen und danach in Eiswasser abkühlen. Die Rippen auspacken und bei 180° C 8 Minuten im Ofen braten. Mit der Süßlupinenmarinade bestreichen und nochmals 4 Minuten bei 190° C braten. Die Knochen sorgfältig auslösen und das Fleisch in gleichmäßig große Tranchen zerteilen.

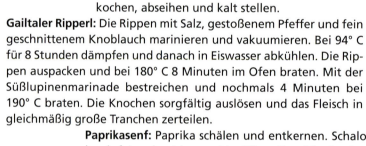

**Paprikasenf:** Paprika schälen und entkernen. Schalotten und Knoblauch fein schneiden und in Olivenöl goldgelb rösten. Paprika mitrösten und mit weißem Balsamessig ablöschen. Die Paprika zugedeckt bei kleiner Flamme weich schmoren. Fein pürieren und mit Senape und Salz abschmecken.

**Tomatillochutney:** Tomatillos schälen, waschen und in feine Würfel schneiden. Schalotten und den Ingwer schälen, fein schneiden und im Pflanzenöl anschwitzen. Knoblauch fein schneiden und kurz mitrösten. Mit Balsamessig ablöschen, die Tomatillos dazugeben und zugedeckt ca. 30 Minuten weich schmoren. Mit Salz und Grains of Paradise abschmecken.

**Ripperlsauce:** Schwarze Gams mit Schweinejus aufkochen und mit Süßlupinensauce abschmecken. Mit kalter Butter montieren.

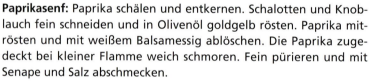

Manuel Ressi war lange Zeit die rechte Hand von Heinz Reitbauer im Steirereck. Gemeinsam mit seiner Frau Claudia übernahm er 2015 die Leitung des Traditionsrestaurants Bärenwirt. Die Gaststube, mit etwas Patina belegt, ist ein Ort unkomplizierter gemütlicher Gastlichkeit. Ressis Küche bekennt sich klar zum regionalen Produkt, das fein und kreativ in durchaus bodenständige Kreationen eingearbeitet wird.

# SCHOKOZAPFEN...

... Flechten, Balsampappel, Preiselbeere & Fichte

**Schokomoussezapfen** (Zutaten für 15–20 Zapfen): 165 g Schokolade 70 % (Zotter) • 2 Eiweiß • 250 ml Sahne • 2 Eigelb • 15 g Zucker • Fichtennadelöl • **Wildpreiselbeerenbaiser:** 100 g Wildpreiselbeerensaft • 11 g Eiweißpulver • 1 Eiweiß • **Wildpreiselbeeren, gefroren:** 100 g frische Wildpreiselbeeren • 50 g Wasser • **Balsampappelkuchen:** 95 g Eier • 80 g Zucker • 40 g Mehl • 20 g Mandelgrieß • 5 g Backpulver • 25 g Joghurt • 40 g Balsampappelöl • **Flechtencreme:** 1 Hand voll Rentierflechte • 100 g Milch • 60 g Zucker • 1 Ei • 1 Blatt Gelatine, eingeweicht • 75 g kalte Butterwürfel • **Kandierte Flechten:** 1 Eiweiß • 30 g Preiselbeerensaft oder Sirup • Flechten • Puderzucker zum Bestäuben • **Eingelegte Wildpreiselbeeren:** 50 g frische Preiselbeeren • 80 g Holundersirup, selbstgemacht • **Fichtenwipfelsud:** 100 g frische Fichtenwipfel (junge Triebe) • 50 g Läuterzucker • 5 g Zitronensaft • Xanthan • **Außerdem:** Fichtenwipfelhonig • Balsampappelblätter, getrocknet und pulverisiert

**Schokomoussezapfen:** Schokolade schmelzen, Eiweiß und Sahne steif schlagen. Eigelb und Zucker über Dampf aufschlagen und die Schokolade einrühren. Abwechselnd steifes Eiweiß und geschlagene Sahne unterheben. Je nach Belieben und Intensität mit Fichtennadelöl aromatisieren. Das Schokomousse mit einem Spritzsack in die Fichtenzapfenformen füllen, einfrieren und gefroren aus der Form herausdrücken.

**Wildpreiselbeerenbaiser:** Alle Zutaten in einer Rührmaschine aufschlagen, auf einer Matte ca. 1/2 cm dick aufstreichen und im Excalibur bei 50° C trocknen. Luftdicht aufbewahren.

**Wildpreiselbeeren, gefroren:** Preiselbeeren mit dem Wasser mixen; in einen Vakuumbeutel abfüllen und flach einfrieren. Beim Servieren einfach kleine Stücke abbrechen.

**Balsampappelkuchen:** Eier mit Zucker schaumig schlagen. Mehl, Mandelgrieß und Backpulver unterheben. Danach Joghurt und Öl in den Teig einrühren. Bei 160° C für 10 Minuten backen.

**Flechtencreme:** Rentierflechten in der Milch auskochen, 1–2 Stunden ziehen lassen und auf 40 g reduzieren. Die Flechtenmilch mit Zucker und Ei im Thermomix bei 80° C zur Rose abziehen. Gelatine in der Masse auflösen und Butterwürfel einmixen. Die Masse durchkühlen lassen. Dann im Thermomix zu einer geschmeidigen Creme mixen und in einen Spritzsack abfüllen.

**Kandierte Flechten:** Preiselbeerensaft und Eiweiß verrühren, die geputzten Flechten durch das Gemisch ziehen und auf eine Folie legen. Mit Puderzucker bestreuen und im Excalibur bei 50° C trocknen.

**Eingelegte Wildpreiselbeeren:** Preiselbeeren im Sirup einmal kurz aufkochen und in ein Rexglas abfüllen.

**Fichtenwipfelsud:** Fichtenwipfel mit Läuterzucker und Zitronensaft fein mixen. Mit Xanthan zur gewünschten Konsistenz binden.

**JOSEF STEFFNER**
Mesnerhaus, Mauterndorf
im Salzburger Lungau
www.mesnerhaus.at

Das Mesnerhaus ist ein traditionsreiches Restaurant mit Ursprüngen aus dem Jahr 1420 und liegt inmitten einer hübschen Bergwelt. Seit 2007 wird das Haus von Maria und Josef Steffner als Inhaber geführt. Zuvor sammelten beide Erfahrungen in ganz Europa. Josefs Küche ist mit drei Hauben bewertet. Die Menüs heißen "Lebensfreude" oder "Große Verführung" und warten mit phantasievoll zubereiteten lokalen Spezialitäten ebenso auf wie mit internationalen Luxusprodukten. So steht Steinbutt ebenso auf der Karte wie Lungauer Gans oder Laufener Landweizen.

**Culinaria Tirolensis**

Der Co-Gastgeber des Workshops ist die Vereinigung Culinaria Tirolensis. "Der Verein hat sich zur Aufgabe gemacht die regionale Kulinarik grenzüberschreitend zu pflegen und mitzuentwickeln. Die Mitglieder sollen voneinander durch gegenseitigen Austausch und Kooperation lernen und gemeinsam bei Veranstaltungen auftreten. Am Herzen liegen dem Verein regionale Produkte, deren man sich in Zusammenarbeit mit lokalen Produzenten annehmen möchte." So die selbstformulierten Ziele. Das federführende Team besteht aus Josef Mühlmann vom Gannerhof, Markus Holzer, Chef des Jora Mountain Dining, wenn man so will eine "Almhütte" hoch über dem Ort Innichen, André Cis, der das Familien Boutique Hotel CIS Panorama leitet und Chris Oberhammer.

Sternekoch Chris Oberhammer

Oberhammer leitet im italienischen Südtirol das letzte Michelin-Sterne-Restaurant vor der österreichischen Staatsgrenze – lassen wir Wien mal außen vor – das Tilia in Toblach. Ein Glasbungalow vor dem gewaltigen Panorama des ehemaligen Grandhotels aus dem Jahr 1877, dahinter erheben sich majestätisch die bizarren Gipfel der Dolomiten. Vor rund sechs Jahren holten die Stadtväter den gebürtigen Toblacher Chef aus der Ferne zurück um ihm die Betreuung des Pavillions anzutragen. Der war als Bar konzipiert, kam geschäftlich aber nie richtig ins Rollen. Gelernt hat er in Toblach, aber schon mit 18 trieb es ihn raus. Oberhammer ging zu den ganz Großen in Frankreich. Bocuse, Ducasse, Haeberlin. Zehn Jahre war er dort, dann in Brixen, wo er sich seinen ersten Stern verdiente und eine Brigade von 20 Leuten führte.

**Letztes Sternerestaurant vor der Staatsgrenze.**

Das stylische und loungige Tilia schmeißt er locker gemeinsam mit seiner Lebensgefährtin Anita Mancini und zwei Angestellten. Mit seiner Art zu kochen geht das. Er kocht spontan, impulsiv, alles auf den Moment frisch. Oft stehen ihm von den Produzenten nur Kleinstmengen zur Verfügung. So gibt es keine richtige Karte. Die Kreationen sind überzeugend, modern und französisch-mediterran geprägt. Seine Risottos sind legendär. Für die nutzt er Rundkornreis der Sorte Loto, die ein Bauer für ihn produziert. Von dem kauft er die gesamte Ernte.

Tilia ist der lateinische Name des Lindenbaums. Für Chris Oberhammer ein Symbol der Gastfreundschaft, Bescheidenheit und Erholung. Der Name ist aber auch eine Erinnerung an das Hotel in Toblach, das einst seine Eltern besaßen. Vor diesem stand eine gewaltige Linde.

Oberhammer ist Künstler. In der Küche und in seiner Freizeit. Die Bilder und Skulpturen im Restaurant hat er selber angefertigt. Auf Leinwänden tobt der leise Chef abstrakt mit Farben. Aus Altglas und Metall produziert er seine Objekte. So entsteht das Gesamtwerk Lindenbaum. Ein Ort der Ruhe und entspannten Gastlichkeit.

# TILIA – ENTSPANNT GENIESSEN IM "LINDENBAUM"

# Holen Sie sich die Sterneküche nach Hause

Vorzügliche Sous-vide-Gerichte sind jetzt ganz einfach: Mit der Miele Vakuumierschublade die Zutaten vakuumieren und anschließend im Miele Dampfgarer mit Sous-vide-Funktion gradgenau zubereiten.

„Sous-vide" stammt aus dem Französischen und steht für Garen „unter Vakuum". Bei dieser Methode werden Speisen in einer Vakuumverpackung bei konstant niedrigen Temperaturen im Dampfgarer gegart. Ein Vorteil liegt in dem gleichmäßigen Garen mit dem Ziel, eine bestimmte Kerntemperatur zu erreichen. Übergarte Randbereiche gibt es nicht. Aromen reagieren nicht mit Sauerstoff und die Feuchtigkeit von Lebensmitteln bleibt erhalten. Dabei kann das Gargut zusammen mit Gewürzen oder einer Marinade vakuumiert werden. Die Garergebnisse sind stets reproduzierbar. Das schonende Verfahren empfiehlt sich für die Zubereitung von Fleisch, Fisch, Gemüse oder Obst. Bedingt durch niedrige Temperaturen fallen die Garzeiten länger aus als beim herkömmlichen Dampfgaren.

Vorbereiten mit der Miele Vakuumierschublade

Schonend Sous-vide-Garen im Miele Dampfgarer

**Besonders zartes Fleisch**
Fleisch wird bei konstant niedrigen Temperaturen sehr langsam und gradgenau gegart. Es wird ausgesprochen zart und äußerst saftig. Durch den schonenden Garvorgang entspannen sich die Fleischzellen, ohne dass Fleischsaft austritt. Übergaren ist unmöglich. Wer sein Fleisch außerdem gebräunt mag, brät es vor oder nach dem Vakuumieren kurz scharf an.

Perfekte Bedingungen für die Lagerhaltung von Lebensmitteln oder die Vorbereitung für das genussvolle Sous-vide-Garen. Die neue Vakuumierschublade überzeugt durch eine große Anwendungsvielfalt. Denn was gibt es Schöneres, als mühelos Gerichte zu zaubern, die all das halten, was das Bild im Kochbuch verspricht. Die Grundfunktion der Vakuumierschublade ist überzeugend einfach: In Folie verpackten Lebensmitteln wird die Luft (insbesondere Sauerstoff) entzogen, anschließend werden sie luftdicht verschlossen. Auf diese Weise kann die Qualität der Lebensmittel länger erhalten bleiben. Außerdem bereitet die Vakuumierschublade Lebensmittel optimal auf die Sous-vide-Garmethode vor. Portionieren, bevorraten und präparieren für das Genussgaren.

## *Rinderfiletsteak*

### *Zutaten*

2 Rinderfiletsteaks (Höhe ca. 4 cm)
2 Zweige Thymian, Blätter gehackt
½ TL Fleur de Sel
½ TL schwarzer Pfeffer
1 EL Olivenöl

Zubereitungszeit:
ca. 2 Stunden 10 Minuten
Garzeit:
2 Stunden

1 Die Rinderfiletsteaks mit dem gehackten Thymian würzen, in den Vakuumbeutel geben und vakuumieren.

2 Die Steaks garen.

3 Aus dem Beutel nehmen, in einer sehr heißen Pfanne in Öl von beiden Seiten sehr kurz anbraten und mit Salz und Pfeffer würzen.

*Einstellungen Step 1*
Beutel vakuumieren
Vakuum Stufe 3

*Einstellungen Step 2*
Betriebsart: Sous-vide
Temperatur: 56 °C
Dauer: 2 Stunden
Einschubebene: Rost: 2. von unten

# TALES OF FLAVOR
## AEG TASTE ACADEMY VOL. VII
TEXT: DR. NIKOLAI WOJTKO

**Prolog:** Seit über 100 Jahren steht die Marke AEG für Qualität und Zuverlässigkeit elektrischer Haushaltsgeräte. Bereits 1907 beauftragte das Unternehmen einen "künstlerischen Berater", den Architekten Peter Behrens, mit der Gestaltung der Produkte und des Erscheinungsbildes. Diese Entwürfe wurden zum Archetypus des modernen Industriedesigns. Heute nennt man das Corporate Identity. Bis heute hat AEG diesen Designanspruch aufrechterhalten, wofür zahlreiche Auszeichnungen Beweis sind. Doch die Marke denkt weit über die Produktion von Haushaltsgeräten hinaus. Der Kundennutzen und deren Zufriedenheit ist integrativer Baustein der Firmenphilosophie. Hierfür ist die AEG Taste Academy ein lobenswertes Beispiel. In diesen Kulinarikseminaren geht es nicht nur darum, die Handhabung der Geräte besser kennenzulernen, sondern auch, den Horizont des Hobbykochs kreativ zu erweitern. Weitab von üblichen Kursthemen wie Pasta, Saucen oder Grillen greifen hier namhafte Kursleiter aktuelle Trends auf und gestalten daraus das "Schulungsprogramm". Hier geht es um den respektvollen Umgang mit Lebensmitteln, um die Vermeidung von Food Waste oder, wie in diesem Teil der Reihe, um die Planung eines Menüs. Immer spannend, mit viel Input und amüsant vorgetragen. Die Kurse von Ludwig (Lucki) Maurer, Christian Mittermeier und Heiko Antoniewicz gehen auf Deutschlandtournee und sind extrem beliebt.

www.aeg.de/tasteacademy

**Geschmack erleben – Geschmack erzählen**

Der Geschmack ist ein anspruchsvoller Geselle. Er möchte verwöhnt, aber nicht gelangweilt werden. Man darf ihn reizen, aber nicht zu sehr irritieren. Er möchte vollmundige Erlebnisse, deren Intensität aber nicht banal werden darf. Geschmack ist flüchtig. Er ist gegenwärtig. Aber Geschmack ist auch erinnerbar. Ein vollmundiges Geschmackserlebnis kann uns jahrelang im Gedächtnis bleiben und wie sprichwörtlich "auf der Zunge liegend" ganz gegenwärtig ins Gedächtnis gerufen werden. Geschmack ähnelt darin der Zunge. Denn die Zunge kann den Geschmack in seiner Komplexität sofort umfassen. Sie "weiß" um die Akkorde, die Explosionen, die Vielschichtigkeit des Geschmacks. Sie hat die Fähigkeit der Synthese und kann Verbindungen sofort schmecken. Der in Oxford forschende Psychologe Charles Spence spricht in diesem Zusammenhang von der multisensorischen Wahrnehmung des Geschmacks. Er ist ein führender Experte in Sachen Geschmack, denn mit ihm hat er sein Thema gefunden. In Zusammenarbeit mit einigen der besten Köche der Welt wie Heston Blumenthal oder Ferran Adrià arbeitet er an der Frage, wie man den Geschmack des Essens verbessern kann. Doch das Schmecken ist nur die eine Seite der Geschmacks-Medaille. Ein Geschmack will immer auch erzählt werden. Möchte die Zunge den gerade erlebten Geschmack jedoch in Worte fassen, braucht sie Zeit zur Analyse und Zeit, die dafür richtigen Worte zu finden. Es handelt sich hierbei um das doppelte Vermögen der Zunge, die daher aber nicht doppelzüngig ist: Der Synthese des Geschmacks steht die Analyse der Worte gegenüber. Auch wenn die Zunge oft nach Worten zu seiner Beschreibung sucht: Es ist der Geschmack, der sie sprechen macht.

"Tales of flavor" ist die AEG Taste Academy 2017 betitelt. Und in "Tales" schwingt das Erzählen in allen sagenhaften, flüchtigen und zugleich beeindruckenden Schattierungen mit. Was aber sind es für Geschichten, von denen der Geschmack erzählt? Er kann durch seine Aromen die Geschichte eines exotischen Landes oder einer heimatlichen Region erzählen, er kann auf Vertrautem aufbauen und durch neue Akzente Aufmerksamkeit erregen. Genau diese Momente bieten die Schnittmenge der Seminare der aktuellen AEG Taste Academy. Denn Heiko Antoniewicz, Ludwig Maurer und Christian Mittermeier, die Seminarleiter, präsentieren spannende Ergebnisse in Sachen Geschmack. Gemeinsam ist allen, dass sie mit Regionalität und Exotik, mit Bekanntem und Neuem experimentiert haben und dabei kulinarische Tradition modern interpretieren. Dabei schaffen sie es nicht nur, gewohnte Geschmacksbilder zu intensivieren, sondern bereiten einen Raum, der Platz bietet, um über Geschmack neu nachdenken, ihn neu erfahren zu können. Zubereitungsarten, Texturen und Präsentationen werden hier neu gestaltet. Ganz im Sinne von Charles Spence, der Geschmack als den grundlegenden Sinn unserer menschlichen Interaktion ansieht. Denn wir können den Geschmack sehen, hören, riechen und tasten, lange bevor wir ihn auf der Zunge schmecken. Geschmack darf irritieren, um die Sinne zu wecken, insofern soll er aber immer an Bekanntes erinnern und neue Möglichkeiten aufzeigen. Erst dann kann er zu einer Sensation werden, an die wir uns gerne und lange erinnern.

Die Menüs und Seminare spielen mit vertrautem und neuem Geschmack. Sie laden zur Grenzüberschrei-

www.aeg.de

**AEG TASTE ACADEMY**

**Der Geschmackssinn**
Unsere Zunge ist durch längs- und querverlaufende Muskelfasern extrem beweglich. Sie lenkt die Nahrung und kontrolliert das Zerkauen. Dann mischt sie das Zerkleinerte mit Speichel und befördert passende Mengen zum Abtransport in den Schlund. Gleichzeitig analysiert sie den Geschmack, der sich aus den Komponenten Süß, Sauer, Salzig und Bitter ergibt. Hinzu kommt das Geschmacksbild Umami, eine angenehme "Fleischigkeit", hervorgerufen durch Glutaminsäure. Und der Duft, der durch die Riechzellen der Nase aufgenommen wird und das Geschmacksbild entscheidend ergänzt. Die Zunge selbst verfügt über Papillen mit rund 9.000 Geschmacksknospen. Dabei sorgen Fadenpapillen für den feinen Tastsinn der Zunge, sie tragen wie Blätter-, Pilz- und Wallpapillen 30–80 Rezeptorzellen. In deren Geschmacksporen wird die Geschmacksinformation in elektrische Impulse für das Gehirn umgewandelt. Das bildet aus all den eintreffenden Botschaften das Geschmackserlebnis.

# A COUPLE OF TASTE

tung ein und stellen die Frage: Was ist eigentlich das Exotische, was die Heimat? Was ist unsere eigene Erwartungshaltung und wie sollte man die klassische Menüabfolge verändern – ganz im Sinne des Geschmacks?

### Ludwig Maurer – Der Philosoph
### "Nose to tail reloaded"

Ludwig Maurer ist der Fleischexperte. Doch man sollte den Koch, Metzger und Züchter von Bio-Wagyurindern nicht auf das Thema Fleisch beschränken. Nose to tail ist die Philosophie und das Lebensthema von Ludwig Maurer. Lebensmittel, die von anderen Köchen meistens nicht beachtet werden, kulinarisch zu veredeln, zeichnet unseren Experten aus. In seinem für die AEG Taste Academy neu konzipierten Thema "Nose to tail reloaded" zeigt uns Ludwig Maurer, wie umfassend sein Thema ist. Neben den B- und C-Cuts, die nicht nur neue Geschmackserlebnisse bereithalten, widmet sich Ludwig Maurer in diesem Jahr der Verbindung von heimischen Exoten und traditionellen asiatischen Zubereitungsarten. Dabei verwendet er heimische Lebensmittel, die teilweise unbekannter sind als manches Gewürz aus Asien, und spielt so mit den Begriffen von heimisch und exotisch. Auf diese Weise kann er zeigen, wie viele intensive Geschmackserlebnisse uns die angeblich nicht so wertvollen Zutaten bieten. Tradition modern interpretiert, ein Geschmackserlebnis.

### Christian Mittermeier – Der Gastrosoph
### "Taste matters"

Es ist der Geschmack, dieser flüchtig vergängliche Moment, der uns doch über Jahre im Gedächtnis bleibt, wenn er uns als Sensation, als unglaublich intensiv und damit alle Sinne betörend begegnet. Dabei geht es auch immer wieder um Momente der Überraschung, denn sie erzeugen Neugierde und damit eine Anspannung der Sinne, die sich so auf ein grandioses Geschmackserlebnis freuen können. In seiner neuen Taste Academy geht Christian Mittermeier den Geschmack direkt an. Regionale und globale Zutaten kommen zum Einsatz, denn es geht darum, mit den besten Lebensmitteln grandiose Geschmackserlebnisse zu erzeugen, die lange in Erinnerung bleiben. Dabei ist nicht die Form entscheidend, sondern der geschmackliche Inhalt. Wie kann man den Geschmack verbessern, ihm mehr Ausdruck und Charakter verleihen? Dies ist die grundlegende Fragestellung, die vor gewohnten Denkmustern nicht Halt macht, sondern Verbesserungsvorschläge zubereitet. Die Teilnehmer können sich über ein Füllhorn neuer Ideen, Überraschungen und jede Menge Geschmack freuen. Denn darum geht es in diesem Jahr. Geschmack in neuer Form.

### Heiko Antoniewicz – Der Professor
### "A couple of taste" – Geschmacksvielfalt der Metropolregion Ruhrgebiet

Er ist der kulinarische Vordenker. Jüngst auf der CHEF-SACHE von seinen Kollegen zum Impulsgeber 2016 gewählt, geht Heiko Antoniewicz sein Thema wie gewohnt filigran und grundsätzlich zugleich an. Worum geht es in seiner Taste Academy? Um nichts weniger als eine kulinarische Weltreise und zugleich um eine Hommage an seine Heimat das Ruhrgebiet. Ein auf den ersten Blick verblüffender Plan. Viele, die es noch nicht besucht haben, denken sich das Ruhrgebiet immer noch als Ansammlung von Kohlehalden. Auch kulinarisch kann man sich in der Regel nur wenig darunter vorstellen, was das Ruhrgebiet, jenseits der gängigen Klischees von der durch Herbert Grönemeyer besungenen Bochumer Currywurst und diversen Dönerläden, geschmacklich auf die Karte bringen könnte. Und nichts haftet länger und nichts beengt das Denken mehr als Klischees. Sie sind die ersten Angriffsflächen für Vordenker, laden sie doch dazu ein, bekannte Dinge aufzugreifen und sie geschmacklich neu auf die Teller zu bringen.

Was aber charakterisiert das Ruhrgebiet kulinarisch? Heiko Antoniewicz Wirkungsstätte, sein Atelier, in dem er die kulinarischen Dinge grundlegend und mit der Präzision eines Wissenschaftlers angeht, liegt in Werne. Hier wurde auf der Zeche Vollmond 1802 die erste Dampfmaschine des Ruhrbergbaus in Betrieb genommen. Schon zwei Jahre später zählte das Ruhrgebiet 229 Zechen, die Industrialisierung der Region hatte begonnen. Steinkohle und Eisenerz wurden zum Motor der Stahlproduktion und damit zum Pfeiler der industriellen Revolution. Städte wie Oberhausen und Gelsenkirchen entstanden. Die Familiennamen der Ruhrbarone wie Thyssen und Krupp werden mit dieser Entwicklung, die Deutschland von einem Agrarland zu einem wirtschaftlich modernen Industriestaat werden ließ, automatisch verbunden. Die Bevölkerungszahl schnellte in die Höhe und innerhalb eines halben Jahrhunderts entstand die größte Metropolregion Deutschlands in der heute, lange nach dem Niedergang der Montanindustrie, immer noch mehr als fünf Millionen Menschen wohnen. Heute weist das Ruhrgebiet die höchste Dichte an Universitäten und Theatern auf. Die ehemaligen

# HEIKO ANTONIEWICZ
## UND SEIN PARTNERKOCH ADRIEN HURNUNGEE

## KINDER AUS DEM RUHRPOTT

# MULTIKULTI METROP

**AEG TASTE ACADEMY**

Leia, Philippinen
Lieblingsspeise:
Fleischwurst

Fabiola, Italien/Polen
Lieblingsspeise:
Schnitzel mit Pommes

Julia, Italien/Polen
Lieblingsspeise:
Spaghetti Bolognese

Lilly, Deutschland
Lieblingsspeise:
Nudeln

Zechen werden Kulturdenkmäler, die Zeche Zollverein in Essen gehört seit 2001 zum Weltkulturerbe der UNESCO und ist zugleich Ankerpunkt der Europäischen Route der Industriekultur. Diese Kultur wurde von Menschen geschaffen, die ihre Wurzeln in rund 200 unterschiedlichen Ländern haben und alle brachten ihre kulinarischen Wurzeln mit ins Ruhrgebiet. Es ist also an der Zeit, diese Wurzeln kulinarisch ans Licht zu fördern und modern zu interpretieren.

In seinem für die AEG Taste Academy entworfenen Menü nimmt Heiko Antoniewicz die Seminarteilnehmer mit auf eine kulinarische Weltreise. Das Menü führt über Osteuropa nach Asien und von Deutschland bis in den Maghreb. Dabei geht es nicht nur darum, die Aromen eines bestimmten Gerichts oder eines Landes auf die Teller zu bringen, sondern diese zugleich leicht und abwechslungsreich zu gestalten. Gleichzeitig gibt es einen spielerischen Umgang mit der Erwartungshaltung an ein bestimmtes Gericht oder an bestimmte Zutaten. Das fördert nicht nur das Interesse an den Tellern, sondern zugleich eine ungeahnte Geschmackstiefe. Eine vielschichtige Geschichte, die der Geschmack zu erzählen weiß. Eine geschmackliche Reise um die Welt und zugleich eine kulinarisch moderne Interpretation des Ruhrgebiets. Modern, vielseitig und dabei stets überraschend harmonisch.

www.antoniewicz.org

# OLREGION RUHRGEBIET

**AEG TASTE ACADEMY**

# POLEN / RUSSLAND

# FLIGHT I

Zum Auftakt des Menüs der Anklang ans Klischee. Die Menschen aus dem Osten kamen ins Ruhrgebiet und bestimmten den Speisezettel. Was passt da besser, als ein Gericht zu interpretieren, das durch seine ostpreußischen, schlesischen, ukrainischen und russischen Varianten die Veränderungen der nationalen Grenzziehungen überdauert hat? Antoniewicz greift ein polnisches Sprichwort auf, demzufolge ein Borschtsch so viele Zutaten enthalten muss, dass ein Holzlöffel darin zu stehen vermag, und präsentiert die einstige Suppe in diesem Flight standfest geliert. Der Kohl, ursprünglich neben der Bete die eigentliche Zutat des Gerichts, kommt hier als Prasselkohl und somit als crunchiger Snack. Während Livar-Schwein und Lardo den Weg zurück in die moderne Metropolregion zeigen, in der kulinarisch ohne die Holländer einiges anders und ohne die Italiener einiges weniger geschmacksintensiv wäre. Borschtsch so vielschichtig locker und leicht, da bleibt kein Löffel stecken, noch nicht mal im Klischee.

# GELIERTER BORSCHTSCH
## SAUERRAHM // PRASSELKOHL // APFELESSIG // LIVAR SCHWEIN
### HEIKO ANTONIEWICZ

**Gelierter Borschtsch:** 300 g Rote Bete • 2 g Kreuzkümmel • Salz • 1 Gurke • 2 rote Paprika • 4 Tomaten • 5 g junger Knoblauch • 50 g Mandeln • 1 l Rote-Bete-Saft mit Molke • 50 g Rote-Bete-Granulat • 30 ml Rotweinessig • 4 gestrichene Löffel Xanthazoon • **Sauerrahm:** 200 g Saure Sahne • 1 g Iota • etwas Chiliöl • Maldon Sea Salt • **Prasselkohl:** 1 Wirsing • etwas Kuminpulver • Haselnussöl • **Livar-Schwein:** 400 g Livar-Schulter • 40 ml Geflügelfond • einige Kümmelkörner • 40 ml Apfelvinaigrette • **Apfelessig:** 70 ml Apfelsaft • 20 ml Apfelessig • etwas Zucker • etwas Salz • 1 g Agar Agar • **Garnitur:** 100 g gekochte Rote Bete, in Spalten geschnitten, mariniert • 10 Strunke vom Chinakohl, auf der Plancha stark gebraten • 10 Liebstöckelzweige • etwas Frisée- oder Endiviensalat • 10 dünne Scheiben Lardo • 20 g Forellenkaviar • getrocknete Blätter von Sonnenblumenblüten

**Gelierter Borschtsch:** Rote Bete schälen und mit Kreuzkümmel in einen Vakuumbeutel geben. Wasser und Salz dazu geben. Vakuumieren und bei 85° C für 90 Minuten Sous-vide garen. Auskühlen lassen. Gegarte Rote Bete, Gurke, Paprika, Tomaten und Knoblauch grob würfeln. Mit Salz, Essig, Mandeln und Rote-Bete-Granulat vermengen. Im Kühlschrank 6 Stunden marinieren lassen und anschließend mit dem frischen Rote-Bete-Saft fein mixen und passieren. Mit Xanthazoon zur Bindung montieren.

**Sauerrahm:** Saure Sahne mit Iota glatt rühren. Mit Salz und Chiliöl abschmecken.

**Prasselkohl:** Vom Wirsing die einzelnen Blätter zupfen und waschen. Den Strunk herausschneiden und in stark gesalzenem Wasser blanchieren. Das Haselnussöl mit Kumin verrühren und die Blätter einzeln damit einstreichen. Im ProCombi Plus mit Dörrfunktion dörren lassen. Zum Servieren den Strunk in kleine Segmente brechen und die Blätter übereinanderlegen.

**Livar-Schwein:** Livar-Schulterfleisch mit Geflügelfond und Kümmelkörnern vakuumieren. Bei 68° C für 6 Stunden Sous-vide garen. Herausnehmen und den Beutel in Eiswasser herunterkühlen. Im Anschluss das Fleisch in lange Streifen zupfen und mit Vinaigrette marinieren.

**Apfelessig:** Alle Zutaten kurz miteinander verrühren und 2 Minuten quellen lassen. Einmal aufkochen lassen und in ein Glasgefäß gießen. Mindestens 2 Stunden kalt stellen und dann im Mixer 1 Minute auf höchster Stufe laufen lassen. In eine Spritzflasche füllen und wieder kalt stellen.

**Anrichten:** Auf dem Chinakohl die Fleischstreifen anrichten. Salat und Liebstöckel darauf verteilen und mit dem Lardo abdecken. Den Prasselkohl in mehreren Schichten darauf anrichten. Die marinierte Rote Bete dazugeben. Den Borschtsch angießen. Den Sauerrahm anrichten und eine Mulde bilden. Den Apfelessig einspritzen, Forellenkaviar daraufgeben und mit Sonnenblumenblättern garnieren.

# FLIGHT II

Surf and Turf ostasiatisch. Weißer Fisch und Schweinefleisch. Der "Fleisch-Knochen-Tee" erfreut sich in unterschiedlicher Zusammensetzung in Singapur, China, Malaysia und Südthailand sowie Sumatra großer Beliebtheit. Gekocht aus Schweinerippchen, aromatisiert durch wärmende Gewürze, ist er Begleiter zahlreicher ostasiatischer Gerichte. Vertieft wird die aromatische Struktur durch das Pork Floss, ein traditionelles chinesisches "Gewürz", hergestellt aus in Sojasauce weich gegartem Schweinfleisch, welches mit der Gabel gezupft und anschließend im Ofen getrocknet wird. Der im Sous-vide Verfahren gegarte und zuvor in Salzlake eingelegte Schellfisch hebt sich einerseits durch seine Aromatisierung mit Limette angenehm ab und lädt zugleich zu einer aromatisch intensiven Vermählung mit den anderen Komponenten auf dem Teller. Eine aromatische Liebesbeziehung, als eine Interpretation des Themas: A couple of taste.

# SCHELLFISCH
## BAK KUT TEH SUD // BOHNEN // PAPRIKA
**HEIKO ANTONIEWICZ**

**Schellfisch:** 10 Schellfischsegmente à 80 g • 1 l Salzlake 4 % (1 Liter Wasser, 40 g Salz, kalt verrührt) • Abrieb von 1 Limone • **Bak Kut Teh:** 1 Schweinerippchen • 2 schwarze Kardamomkapseln • 1 Stück Ginseng • 1 Knoblauchzehe • 1 Sternanis • 4 getrocknete Shiitake Pilze • 5 Zimtblüten • 1 Macisblüte • 2 Lorbeerblätter • 4 Stücke Langpfeffer • 1 Stück Zitronengras • 50 ml Sojasauce • Xanthanwasser • **Pork Floss:** 50 g Pork Floss • 20 ml Ketjap Manis • etwas Chilipaste • Abrieb und Saft von 1 Limette • 10 ml Limonenöl • **Paprika:** 300 g rote Paprika • 2 Zitronengrasstangen • etwas Chili • etwas Zucker • 1 Prise Salz • Limonenöl • Agar Agar Paste • **Garnitur:** glasierte Sojabohnen • eingeweichte Gojibeeren • Waldmoos • rohe Champignonstreifen

**Schellfisch:** Fischsegmente für 60 Minuten in die Lake einlegen und abtupfen. Mit Limonenabrieb toppen und vakuumieren. Bei 56° C für 18 Minuten Sous-vide garen.

**Bak Kut Teh:** Rippchen mit Gewürzen in einem Topf mit Wasser bedecken. Einmal aufkochen lassen, Hitze reduzieren und mit Deckel leicht simmern lassen. Wenn das Fleisch weich ist, den Sud fein passieren. Den Sud reduzieren und leicht mit Xanthanwasser binden.

**Pork Floss:** Pork Floss mit den weiteren Zutaten marinieren und zur Seite stellen.

**Paprika:** Paprika entkernen und mit dem Zitronengras entsaften. Den Saft mit den Gewürzen abschmecken und mit der Agar Agar Paste binden. Kalt stellen.

**Anrichten:** Schellfisch aus dem Vakuumbeutel herausnehmen und anrichten. Bak Kut Teh angießen und Paprikacreme aufspritzen. Bohnen und Gojibeeren verteilen. Pork Floss auf dem Fisch anrichten und abschließend mit Moos garnieren.

# SÜDOSTASIEN

**AEG TASTE ACADEMY**

# INDONESIEN

# FLIGHT III

Lamm grenzenlos gedacht. Besengek, ein auf den indonesischen Inseln Java und Bali beliebtes Bumbu. Dort wird es ähnlich der Currypaste aus frischen Zutaten gemörsert und verfügt so über ein einzigartiges, vielschichtiges und zugleich langanhaltendes Aroma. Doch dieser Flight ist mit den unterschiedlichen Aromaten zugleich eine Reise von Ostasien über Indien und Äthiopien bis in den Maghreb. Curryblätter, Linsendal, Ducca und Ras el-Hanout begleiten uns voller Geschmack auf diesem außergewöhnlichen Flug.

# LAMM

## LINSEN // SENFKÖRNER // BUMBU BESENGEK

**HEIKO ANTONIEWICZ**

1 kg Lammkarree • 50 g Besengek Bumbu Paste (Kumar's curries) • 20 ml Ketjap Manis • 10 ml Limonenöl • 40 g Butter • **Senfkörner:** 70 g Senfkörner • 400 ml Apfelsaft • Puderzucker • **Sauce:** 1 Schalotte, in feine Würfel geschnitten • 500 ml Lammfond • 4 Curryblätter • 40 g Besengek Bumbu Paste • 40 g Butter • **Linsencreme:** 300 ml Gemüsebrühe • 60 g rotes Linsenmehl • 1 TL Ducca • 1 Prise Salz • 1 Spritzer Zitronensaft • **Linsen:** 300 g Belugalinsen • 1 Spickzwiebel • 600 g Gemüsebrühe • Salz • 30 ml heller Balsamessig • 40 g Butter • Ras el-Hanout • **Garnitur:** frittierte Curryblätter • Korianderblätter

**Lamm:** Das Fleisch vom Knochen lösen, parieren und die Knochen sauber putzen. Knochen in Salzwasser 20 Minuten kochen und den Knorpel abschlagen, sodass eine Spitze entsteht. Die weiteren Zutaten verrühren und den Lammrücken damit einstreichen. Vakuumieren und bei 65° C auf eine Kerntemperatur von 56° C Sous-vide garen (22–25 Minuten). In schäumender Butter kurz anbraten und salzen.

**Senfkörner:** Die Körner 15 Minuten im Saft kochen und abgießen. Dann in einer beschichteten Pfanne unter ständigem Rühren rösten bis sie goldgelb sind. Mit etwas Puderzucker bestäuben und auskühlen lassen.

**Sauce:** Schalotte anschwitzen und Lammfond aufgießen. Curryblätter dazugeben und auf die Hälfte reduzieren. Paste zufügen und Butter montieren.

**Linsencreme:** Gemüsefond und Linsenmehl verkochen und mit Ducca abschmecken. Leicht salzen und mit etwas Zitronensaft säuern. Auskühlen lassen und fein mixen, in eine Spritzflasche füllen und kalt stellen.

**Linsen:** Belugalinsen und Spickzwiebel im Gemüsefond garen und salzen. Mit Balsamessig säuern und abschmecken. Zum Servieren mit Butter und Ras el-Hanout anschwitzen.

**Anrichten:** Linsencreme auftragen und die Linsen dazugeben. Lammrücken mit den Knochen spicken und aufschneiden. Senfkörner auf die Karrees verteilen. Sauce verteilen und Kräuter auflegen.

# FLIGHT IV

Gerste und Graupen. Hier erwartet uns, wenn man so möchte, ein klassischer Sonntagsbraten. Ein Blick auf die Zutaten verrät schon, wie traditionell tiefgründig hier gedacht und gearbeitet wird. Denn dieser Flight vereint die exotischen Aromen der bisher schon bereisten Gebiete, wie Ketjap Manis und Arganöl, und erweitert die kulinarischen Einflüsse um die fast schon heimisch gewordene Aromaten Kaffee und Portwein. Der traditionelle Sonntagsbraten wird so zu einem Spiegel seiner internationalen Zutaten. Dabei besticht diese moderne Zubereitung durch eine filigrane Geschmacksintensität.

## GERÖSTETE GERSTE
### KAFFEE // MALZ // RINDERBUG

**HEIKO ANTONIEWICZ**

**Geröstete Gerste:** 100 g Graupen • 400 ml Gemüsebrühe • Salz • 10 ml Arganöl • **Gerstenpulver:** 40 g Gerste, ungeschält • **Rinderbug:** 1 kg Schulterbug vom Rind • 20 g Liquid Flavour (Antoniewicz) • 30 g Ketjap Manis • 20 ml Olivenöl • 5 g Kaffeesalz • **Sauce:** 200 ml Portwein • 30 ml Ketjap Manis • 20 ml Cabernet-Sauvignon-Essig • 1 l Rinderfond • Xanthanwasser • 20 ml Kaffeeöl • **Malzmayonnaise:** 30 ml Malzbier • 20 ml Mumme • etwas Zucker • etwas Balsamessig • 0,8 g Agar Agar

**Geröstete Gerste:** Graupen trocken bei mittlerer Hitze im Topf rösten bis sie etwas Farbe angenommen haben. Gemüsebrühe angießen, leicht salzen und so lange kochen bis die Masse leicht gebunden ist. Mit Arganöl abschmecken.
**Gerstenpulver:** Gerste im Topf bei starker Hitze unter ständigem Rühren dunkelbraun rösten. Auskühlen lassen und im Mixer grob mixen.
**Rinderbug:** Schulterbug parieren und mit den weiteren Zutaten vakuumieren. Bei 56° C für 24 Stunden Sous-vide garen und in Eiswasser herunterkühlen. Zur Verwendung bei 56° C wieder regenerieren und den Garfond auffangen. Aufkochen und einmal fein passieren. Einkochen lassen und den Schulterbug damit glasieren. Leicht salzen.
**Sauce:** Portwein mit Ketjap Manis und Essig auf ein Minimum reduzieren. Rinderfond auffüllen und auf die gewünschte Dichte reduzieren. Mit Xanthanwasser binden und mit Kaffeeöl abschmecken.
**Malzmayonnaise:** Alle Zutaten kurz miteinander verrühren und 2 Minuten quellen lassen. Einmal aufkochen lassen und in ein Glasgefäß gießen. Mindestens 2 Stunden kalt stellen und im Mixer 1 Minute auf höchster Stufe durchmixen. In eine Spritzflasche füllen und wieder kalt stellen.
**Anrichten:** Die Gerste anrichten und mit dem Gerstenpulver bestreuen. Die Malzmayonnaise auftupfen und die Jus angießen. Das Fleisch salzen, aufschneiden und auflegen.

AEG TASTE ACADEMY

DEUTSCHLAND

AEG TASTE ACADEMY

# NORDAFRIKA

# FLIGHT V

Zum Abschluss der Reise werden wir von den Aromen des Maghreb verwöhnt. Tunesien, Algerien und Marokko. Kulinarisch denkt man an Tee aus frisch duftender Minze und Mandelgebäck. All dies findet sich in diesem Flight, doch auf den ersten Blick ist man über die Tomaten irritiert und auf den zweiten über die Verwendung von Oliven zum Dessert. Doch alle Elemente in diesem Flight sind so bekannt, dass man sich direkt wie zu Hause fühlt.

## SÜSSE KIRSCHTOMATEN
### MANDELEIS // MINZE // GEWÜRZSUD

**HEIKO ANTONIEWICZ**

**Süße Tomaten:** 200 g Kirschtomaten • 100 g Akazienhonig • 2 Sternanis • 2 Nelken • 1 Vanilleschote, ausgekratzt • 2 Stücke langer Pfeffer • 6 Zimtblüten • 2 Segmente Macis • 20 ml Xanthanwasser • **Geröstete Mandeln:** 50 g Mandeln • 100 ml Rapsöl • **Mandeleis:** 200 g frische Milch • 80 g Mandeln • 60 g Basic Textur • Abrieb von 1 Limone • 30 g Mandelöl • 40 g Akazienhonig • **Mandelcreme:** 200 g frische Milch • 80 g Mandeln • 30 g Honig • **Garnitur:** kleine Minzespitzen • kandierte Oliven, fein gemixt

**Süße Tomaten:** Honig mit 100 ml Wasser aufkochen und die Tomaten darin kurz blanchieren. Auf einem Blech schnell auskühlen lassen. Tomaten anschließend sofort häuten. Das Honigwasser mit den Gewürzen zu einem Sirup einkochen, auskühlen lassen und über die gehäuteten Tomaten geben. Vakuumieren und 12 Stunden marinieren. Danach die Tomaten vorsichtig mit einem Sieblöffel aus dem Sud nehmen, diesen durch ein feines Sieb passieren und mit Xanthanwasser binden.

**Geröstete Mandeln:** Mandeln in einer Pfanne mit Rapsöl aufsetzen. Bei hoher Hitze unter ständigem Bewegen der Pfanne rösten. Auf ein Sieb mit Auffangbehälter abschütten. Die Mandeln auf ein Küchentuch geben und ausfetten lassen. Das aufgefangene Mandelöl für das Mandeleis verwenden.

**Mandeleis:** Mandeln in der Milch blanchieren und mit den weiteren Zutaten fein mixen. In einen Pacojetbecher geben, 24 Stunden einfrieren und 2–3 Mal pacossieren.

**Mandelcreme:** Alle Zutaten zu einer sehr feinen Masse mixen. Im Kühlschrank abkühlen lassen.

**Anrichten:** Süße Tomaten anrichten und mit dem Sud überziehen. Die Minze anlegen und die Mandeln verteilen. Das Mandeleis zu einer Nocke abstechen, anrichten und die Oliven verteilen.

## simple things are beautiful
# ASA SELECTION

„NUR DIE BESTEN PRODUKTE SIND FÜR MEINE KÜCHE GUT GENUG" – SO CORNELIA POLETTO ÜBER DIE PRODUKTE VON ASA SELECTION GERMANY. SEIT 2009 BESTEHT DIE ZUSAMMENARBEIT, MEHRERE PRODUKTSERIEN, KATALOGE, SHOOTINGS UND VIELES MEHR SIND SEIT DEM GEMEINSAM ENTSTANDEN.

Die schnörkellose und elegante Linie der ASA Selection Serie „250 °C plus Poletto" überzeugte die Hamburger Sterneköchin Cornelia Poletto: Sie gab der Serie aus hochkantenfestem Porzellan bereitwillig ihren Namen. Ihr gefiel es, dass die Formen alle Anforderungen ambitionierter Köche abdecken – für Profis und Hobbyköche genauso wie für den alltäglichen Gebrauch.

Neben 250°C plus POLETTO, dem mit vielen Preisen prämierten Multifunktionsgeschirr, vertritt die quirlige Hamburgerin auch die Vorzüge von à table, dem Fine Bone China- Klassiker aus der ASA Selection DINING Kollektion. „Extrem hartes Fine Bone China, warmes Weiß, schlicht-elegantes Design: à table erfüllt meine Ansprüche als Sterneköchin auf den Punkt", meint Cornelia Poletto. „Ich benutze es jeden Tag. Auch zuhause. Und mit à table lässt sich rechnen. Eine kluge Investition. Und der Gast liebt es. À table ist meine erste Wahl in Qualität und Design."

So viel Enthusiasmus hat gute Gründe. À table bietet neben den „harten" Fakten auch reichlich emotionalen Stoff. „Unser Knowhow ist nicht von gestern. Hinter unseren Geschirren und Accessoires stecken mehr als 30 Jahre Erfahrung. Jedes Teil ist Handarbeit und einzigartig.

Damit unterscheiden wir uns deutlich von seelenlos produzierter Massenware", so Yvonne Schubkegel, Inhaberin und kreativer Kopf im Hause ASA Selection. In der Zwischenzeit ist aus der nun mehr als 8-jährigen Kooperation auch eine Freundschaft geworden, die Synergien schafft.

So besuchte Cornelia im letzten Jahr die

### 7. Genuss-& MARKENTAGE 2016 IN HÖHR-GRENZHAUSEN

und überzeugte mir Ihrer Kochkunst und der unkomplizierten und fröhlichen Art Gäste, Mitaussteller und das gesamte Team von ASA Selection.

DANKE Cornelia, wir freuen uns auf die weitere Zusammenarbeit!

Anke Thran
Projektleitung Gastronomie

www.asa-selection.com

simple things are beautiful

Salzfässchen „Cornelia Poletto" gefüllt mit Fleur de Sel

Salzfässchen im individuellen Design

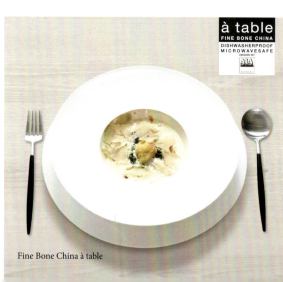

Fine Bone China à table

Porzellan Kräutermühle

# FRIENDSHIP

**250°C plus** porcelain

**Projektleitung Gastronomie:**
Anke Thran
anke.thran@asa-selection.de
Tel.: 02624-189-66

**Showroom:**
ASA Selection • Rudolf-Diesel-Str 3
D-56203 Höhr-Grenzhausen

**AUSSTELLUNGEN:**

**Internorga** 17. – 21.03.2017
Halle B5, Stand 316
Hamburg

**8. Genuss & MARKENTAGE 2017** 27.+28. AUGUST
HÖHR-GRENZHAUSEN
BEI ASA SELECTION

**Chef-Sache** 17. & 18.09.2017
Düsseldorf

Porzellan Serie 250 Grad plus

# DINNER COCKTAIL

TEXT: DR. NIKOLAI WOJTKO

**BAR-FOOD-PAIRING**

**Williams Bar & Kitchen, Düsseldorf**

Das Thema der Vermählung von Essen und Getränken beschäftigte das Restaurantwesen von Anbeginn. Naturgemäß aber steht in Restaurants die Speise im Vordergrund, für die der Koch oder der Sommelier in der Regel eine passende Getränkebegleitung sucht. Bars hingegen speisten ihre Gäste gerne mit einigen kulinarisch unauffälligen Snacks ab und verließen sich lieber auf ihre gehaltvollen Cocktails. Doch schon seit Jahren ist ein neuer Trend zu entdecken. Bar-Food ist in aller Munde und dabei ist das Pairing von Food und Cocktails so facettenreich, dass man sich unweigerlich fragt: Wie konnte dieses weite Feld so lange unbeackert bleiben? Jetzt aber wird es bestens bestellt. Die Williams Bar & Kitchen in Düsseldorf geht dabei voran. Zeit für einen Besuch.

Williams Bar & Kitchen. Der Name deutet auf Wesentliches, denn hier werden Bar und Küche gleichberechtigt gedacht und behandelt. Die Köpfe hinter Herd und Tresen hecken gemeinsam ihre Kompositionen aus. Was sich so anhört, als wäre es das normalste Ding der Welt, hat allerdings einige Zeit auf sich warten lassen. Gehörte es in Amerika lange Zeit zum guten Ton, sich vor dem Essen erst einmal zu einem "Before Dinner Cocktail" an der Bar zu treffen, so ließ man hierzulande gerne den Abend mit einem Drink an der Bar ausklingen. Entsprechend dürftig war das Angebot an Speisen, welches sich meistens nur auf ein paar Snacks oder Cracker beschränkte.

Bar und Food waren – qualitativ gesehen – anscheinend grundsätzlich getrennte Bereiche. Doch seit einigen Jahren erlebt die Barszene nicht nur vermehrt Zulauf durch junge, cocktailbegeisterte Menschen, sondern auch durch Foodies, die sich auch in einer Cocktailbar nicht länger mit Convenience Food abspeisen lassen wollen. Längst sind alte Grenzen aufgebrochen: Mittlerweile zeichnet sich nicht nur die ambitionierte Küche, sondern auch eine gute Bar durch eine Vielzahl selbst hergestellter Zutaten aus. Wenn die Küche mit der hausgemachten Sojamayonnaise zum frisch zubereiteten Thunfischtatar mit Algenfrittata zu glänzen versteht, warum sollte dann die Bar den für einige Cocktails unerlässlichen Vanillesirup oder andere wichtige Komponenten nicht selbst herstellen? Ist der Dialog zwischen Küche und Bar erst einmal gestartet, gibt es so schnell kein Halten mehr. Zu zahlreich sind die Möglichkeiten, die sich bei der Besinnung auf hausgemachte Zutaten ergeben. Zusätzlich können von beiden Seiten Ideen ausgehen, denn die Partner Küche und Bar sind gleichberechtigt. Hier sucht nicht ein Hauptdarsteller seine Begleitung. Paarbildung ist ausdrücklich gewünscht. Eingespielte Teams zwischen Küche und Bar können sich vielseitig ergänzen. Wie bei einer Argumentation, werden für Gericht und Getränk passende Zutaten gesucht und so lange ergänzt und geändert, bis eine aromatisch einwandfreie Paarbildung gefunden ist.

So wie im Williams. Roland Rohm wurde eigens engagiert, um sein Talent und seine langjährige Erfahrung, die er an unterschiedlichen Stationen in Deutschland und im europäischen Ausland gesammelt hat, zielführend in das neue Konzept einzubringen. Ihm und Sandra Winters, seiner kongenialen Partnerin hinter der Bar, merkt man an, dass der Funke gezündet hat. Bar Food wird hier gleichberechtigt gedacht. Man schlägt Dinge vor, eine Idee ergibt die nächste. Die ersten Komponenten auf dem Teller entstehen, korrespondierend dazu gelangen erste Kompositionen in passende Gläser.

**Sandra Winters**
Die Bar-Managerin strahlt über das ganze Gesicht. Kein Wunder: Im Williams hat sie ihren Platz gefunden. Schon als Gast hat ihr die warme Atmosphäre der Bar gut gefallen. Sie lernte das Team kennen, man kam ins Gespräch, fand sich sympathisch und so wechselte sie einfach auf die andere Seite des Tresens. "Ich bin vorher schon gerne in Bars gegangen. Die Bar-Community ist gut vernetzt. Hier aber überzeugt mich die Mischung aus guter Stimmung und wunderbarem Essen, bei dem auf Qualität geachtet wird. Im Unterschied zu gewöhnlichen Bars kann man hier gut auf die Gäste zugehen und die Ideen hinter den Getränken und dem Essen erklären."

# WILLIAMS BAR & KITCHEN

# URSPRÜNGLICHES

**Gute Produkte – gute Ideen**

Zum Konzept des gleichberechtigten Dialogs zwischen Küche und Bar hatte Tobias Eroglu, Manager des Williams, eine zielführende Idee: " Ich wollte unseren Gästen ein Ceviche präsentieren, das es in seiner Frische und Qualität mit dem peruanischen Nationalgericht in seiner Heimat aufnehmen kann. Und dazu wollte ich einen passenden Drink anbieten. Ich bin sehr froh, dass sich unser Küchenchef und unsere Barmanagerin der Sache mit viel Engagement angenommen haben. Denn die Umsetzung dieses Gerichts steht beispielhaft für unser Konzept."

Roland Rohm hat zunächst recherchiert und sich auf die Suche nach Capsicum pubescens gemacht. Eine Paprika, die in Peru unter dem Namen Rocoto (Baumpaprika) fester Bestandteil des Ceviche ist. Diese Frucht besticht durch feine Säure und eher zurückhaltende Schärfe. Zum Glück gibt es in der Nachbarschaft einen kleinen peruanischen Laden, in dem er fündig wurde. Doch hier konnte er keinen frischen Fisch bekommen. Da der Fisch für Ceviche roh zubereitet wird, ist Frische und Produktqualität entscheidend. Mit Transgourmet hat man aber nicht nur einen Partner gefunden, dessen Logistik einwandfrei funktioniert. Die Produkte der Marke Transgourmet Ursprung haben den Küchenchef durch ihre hohe Qualität überzeugt. "Hier findet man wirklich so hochwertige Lebensmittel, das man die Produzenten nur loben kann. Für das Ceviche haben wir uns für einen Waller entschieden. Obwohl er ein Süßwasserfisch ist, überzeugt er durch sein aromatisches Fleisch und seinen Geschmack. Doch der Fisch ist nur eines der absolut fantastischen Produkte dieser Marke." Und in der Tat, Transgourmet setzt mit seiner Hausmarke "Ursprung" auf traditionell erzeugte Lebensmittel. Dies gilt bei Obst und Gemüse ebenso wie bei Fisch, Geflügel oder Fleisch. Erzeuger, die sich der Qualität ihrer Lebensmittel verschrieben haben, haben auf diesem Weg mit Transgourmet einen verlässlichen Logistikpartner, der die Lebensmittel zum Kunden bringt und so für den wirtschaftlich entscheidenden regelmäßigen Verkauf sorgt. Auf diese Weise können Produzenten, die in ländlichen Regionen ohne zahlreiche Kunden arbeiten, langfristig planen und nachhaltig arbeiten. Durch die überzeugende Qualität des Wallers angeregt, kam der Küchenchef zur Überlegung das Gericht möglichst traditionell zu servieren. Koriander, Ingwer, rote Zwiebeln und Tigermilch gehören ebenso dazu, wie die in drei Frittiergängen knusprig zubereiteten Süßkartoffelchips. Bei diesem Gericht gab es also zunächst die Idee des Tellers, danach stand die Frage an, mit welchem Cocktail sich die Ceviche aromatisch vermählen könnte. "Hier war schnell klar, dass wir das peruanische Nationalgericht gerne zusammen mit der peruanischen Nationalspirituose, dem Pisco präsentieren wollten", so Sandra Winters, die Barmanagerin des Williams. "Ich wollte gerne den Korianderakzent des Tellers im Getränk aufnehmen, um dann durch Zugabe von Lime Juice und Zucker ein interessantes Zusammenspiel der verschieden gelagerten Aromen auf dem Teller und im Glas aufbauen zu können. Die scharfen Akzente erhalten auf diese Weise eine harmonische Einbettung. Es hat ein wenig gedauert, bis wir den Drink ausgetüftelt haben, aber jetzt 'matched' es."

**Sven Schmitz:**
Der Bartender ist schon lange in der Düsseldorfer Barszene unterwegs. Über die Beuys Bar, in der er das Mixen von Grund auf lernte, kam Sven ins Williams. Hier überzeugen ihn vor allen Dingen die zahlreichen hausgemachten Zutaten. So kann man auch hinter der Bar mit einer eigenen Handschrift überzeugen. "Mein Schwerpunkt liegt bei den Drinks, ich mag die Geschichte hinter den Drinks und beschäftige mich gerne mit dem Pairing. Die Gäste sind oft von den Ideen und den sich daraus ergebenden Möglichkeiten begeistert."

www.transgourmet.de

www.transgourmet-ursprung.de

**Tobias Eroglu**
Der Manager hat sich einen Herzenswunsch erfüllt. Als Vertriebsleiter aus der Getränkebranche kommend, kennt er sich in der Barszene bestens aus. So entstand auch der Wunsch, selber eine Bar aufzumachen. Denn nur so konnte er seine eigenen Ideen und sein kreatives Potential zur Entfaltung bringen. "Gute Bars in Deutschland, das ist ein neues Thema. Hier verändert sich gerade eine Menge und ich bin froh, dass wir mit unserem Konzept neue Maßstäbe setzen. Denn ich wollte Bar und Food als gleichberechtigte Partner kombinieren. In guten Restaurants gibt es gute Weine, aber selten gute Drinks. In Szenerestaurants hingegen bekommt man selten gutes Essen. So kam die Idee frische, hausgemachte Sachen im Brasseriestil kombiniert mit passenden Cocktails anzubieten."

TRANSGOURMET

# Food & Cocktail Pairing

**Kreative Korrespondenz**

Die Ideen von Küchenchef und Barmanagerin entstehen aber auch gerne durch ein Gespräch an der Bar. Zum Frühlingsbeginn soll Kaninchen auf die Karte und erst bei den Überlegungen, welche passenden Komponenten im Getränk zum Einsatz kommen könnten, wurde Roland Rohm klar, dass er Vanille und vor allem Salbei in der Küche verwenden wird, um ein perfektes Pairing mit dem ebenfalls durch Salbei und hausgemachten Vanillesirup zubereiteten Old Cuban zu erreichen. Durch das gemeinsame Tüfteln mit seiner Kollegin entstanden die unterschiedlichen Komponenten auf dem Teller, auf dem sich jetzt alle Teile des Kaninchens in unterschiedlichen Zubereitungsarten versammeln. Bar und Küche haben sich nicht nur gefunden, sie sind in eine kreative Korrespondenz getreten. Denn man experimentiert jetzt schon an Konzepten, mit denen man die Gäste in naher Zukunft überraschen und verwöhnen möchte. Neben hausgemachten Tapas, die zu ausgewählten Getränken gereicht werden sollen, ist auch ein Kitchen-Table geplant, um den Gästen neben dem direkten Blick zur Bar auch uneingeschränkten Einblick in die Küche zu ermöglichen. Doch mit den ersten Überlegungen erwachsen stets neue Ideen zum Bar-Food-Pairing. "Ich wollte immer schon mal ein schönes Rindersteak zu einem Drink an der Bar genießen. Als ich Roland davon erzählte, rannte ich anscheinend offene Türen bei ihm ein." Beide überlegten, was gut zu Rindfleisch passt.

Nussaroma, um den Eigengeschmack des Fleisches zu unterstreichen, aber auch Rotwein als stimmige Geschmackskomponenten bei der Getränkebegleitung. Pilze und Rye für ein vollmundiges Geschmackserlebnis, Petersilie für kräutrige Akzente, die durch die Säure im Drink aufgenommen werden können. Hier war es zunächst nur die Idee der Barmanagerin. Auf Grund der guten Erfahrungen, die man in der Zwischenzeit schon mit den Transgourmet Produkten der Marke Ursprung gesammelt hatte, entschied man sich, das Entrecôte von der Färse auszuprobieren. Das Fleisch selbst betört schon vor seiner Zubereitung durch eine feine Marmorierung und seinen angenehmen Duft. Als alle Akteure auf dem Teller und im Glas versammelt waren, ging es lediglich noch um die Auswahl des Fleisches und die Tarierung der unterschiedlichen Komponenten auf dem Teller und im Glas. Durch die gemütliche, an ein größeres Wohnzimmer erinnernde, Atmosphäre des Williams hat man nicht nur an der Bar, sondern auch in der halboffenen Küche stets den direkten Kontakt zu den Gästen. So merkt man schnell, dass hier ein Konzept nicht nur entwickelt, sondern auch begeistert aufgenommen wird. Abgesehen vom Zuspruch freut sich Roland Rohm über eine Besonderheit: "Wir haben zufälligerweise einmal mitbekommen, dass wir Peruaner als Gäste im Laden hatten. Denen haben wir unser Ceviche angeboten. Sie waren vom Geschmack und der Qualität so überzeugt, dass sie nun regelmäßig kommen und immer zwei Portionen pro Person bestellen. Natürlich nacheinander, da sie das Gericht stets frisch zubereitet genießen wollen." Ob sie auch zweimal den Pisco Coriander Gimlet dazu bestellen, lässt die Barmanagerin Sandra Winters jedoch mit einem vielsagenden Lächeln offen.

www.williams-bar.com

**Roland Rohm**
Der Küchenchef geht seine Sache mit Herzblut an. Nach renommierten Stationen im In- und Ausland kam ihm die Gelegenheit in der Williams Bar & Kitchen etwas Neues auf die Beine zu stellen gerade recht. Denn hier hat er freie Hand, um seine Ideen umzusetzen. Dazu ist er mit seinen Gästen auf Augenhöhe und liebt den lockeren Austausch. "Der Gast nimmt uns als Gastgeber war, merkt aber auch, dass wir auf seine Wünsche eingehen. Schön ist es, dass ich hier qualitativ hochwertige Produkte einsetzen kann."

# CEVICHE

**ROLAND ROHM & SANDRA WINTERS**

## "PERUS NATIONALGERICHT"

**ROHER FISCH IN LIMETTEN-CHILI-SAFT / KORIANDER / ROTE ZWIEBELN / SÜSSKARTOFFELN**

**Pisco Coriander Gimlet**

5 cl Pisco    3 cl Lime Juice

1,5 cl Zuckersirup

Korianderspitzen

Alle Zutaten auf Eiswürfeln in einen Boston Shaker geben. Shaked, double strained und straight up in ein Coupette Glas abseihen. Mit einer Korianderspitze garnieren.

**Ceviche:** 1/4 Tasse frisch gepresster Limettensaft • 400 g Hasetaler Edelwaller, roh (Transgourmet Ursprung) • Salz • Pfeffer • Chili (Rocoto), fein gehackt • 1 kleines Stück Ingwer, fein gehackt • 1/2 Knoblauchzehe, ganz fein gehackt • 1/4 rote Zwiebel • 1 TL Koriander, gehackt • **Süßkartoffelchips:** 1/2 Süßkartoffel • **Außerdem:** etwas Frisee • konfierte Chilifäden

**Ceviche:** Etwas Limettensaft in eine Schale träufeln. Den Fisch in Scheiben schneiden und in den Saft setzen. Restlichen Saft auf dem Fisch verteilen. Mit Salz und Pfeffer würzen und Chili, Ingwer und ganz fein gehackten Knoblauch auf dem Fisch verteilen. Zwiebel in ganz feine Streifen schneiden und über den Fisch geben. Nochmal mit Salz und Pfeffer würzen und zum Schluss gehackten Koriander drüberstreuen. Mit Folie abdecken und in der Kühlung 20–30 Minuten ziehen lassen. Dann etwas bewegen / schütteln und mindestens noch mal 10 Minuten ziehen lassen. Den ausgetretenen Saft zu Tigermilch verarbeiten. Mit 2 kleinen Fischstücken, ein paar der Aromaten und etwas Chili in den Mixer geben.

**Süßkartoffelchips:** Kartoffel schälen und in feine Scheiben schneiden. Im heißen Fett bei 165° C ausbacken. Für ein gleichmäßiges Ergebnis die Kartoffelchips in drei Durchgängen backen. Zwischendurch herausholen und auskühlen lassen. Wenn die Kartoffelchips nicht mehr sprudeln und keine Bläschen abgeben sind sie fertig. Auf ein Küchenpapier geben und mit Pfeffer und Salz würzen.

**Anrichten:** In einem tiefen Teller mit breiter Fahne die Tigermilch anrichten. Ceviche und Süßkartoffelchips auf der Fahne platzieren.

**Transgourmet Ursprung Hasetaler Edelwaller aus Niedersachsen**
Aquakultur auf höchstem Niveau: nachhaltige naturnahe Fischzucht ohne jeglichen Einsatz von Medikamenten oder Antibiotika. Denn die hohe Wasserqualität sorgt für ein Optimum an Tiergesundheit. Die Jungfische werden vor Ort großgezogen, um eine gleichbleibend hohe Qualität zu gewährleisten. Das Fleisch der fangfrischen Waller ist schneeweiß und duftet aromatisch. Der außerordentliche Geschmack und die feine Struktur machen den Fisch vielseitig einsetzbar.

Küchenchef Roland Rohm haben die Frische und die Qualität des Hasetaler Edelwallers überzeugt. Der Fisch soll zum Auftakt des Menüs die Hauptrolle spielen. Um ihn perfekt in Szene zu setzen, entscheidet er sich für eine Zubereitungsart, die lediglich sehr hochwertigen Fischen zugestanden wird: Er wird roh mit Limettensaft und Rocoto, Koriander, Ingwer und roten Zwiebeln mariniert. Um das peruanische Nationalgericht Ceviche würdig zu begleiten, gelangt die Nationalspirituose Pisco zum Einsatz. Anders als zu Zeiten Philip Marlowes, der seinen Gimlet gerne in dunklen Bars mit zahlreichen Zigaretten genoss, wird dieser Gimlet nicht auf Basis von Gin, sondern mit Pisco zubereitet. Lime Juice und Zucker bringen den Cocktail in ein ausgewogenes Verhältnis, um den Koriander leicht hintergründig in Szene setzen zu können. Der Zucker wirkt gleichzeitig als Gegenspieler zur leicht aromatischen Schärfe der Paprika, während die frittierten Süßkartoffeln für einen angenehmen crunchigen Ausgleich sorgen.

# Rosa Entrecôte

## von der Färse aus dem Alpenvorland

**PILZALLERLEI / ERDNUSS-PETERSILIEN-PESTO**

ROLAND ROHM & SANDRA WINTERS

**Färse:** 800 g pariertes Fleisch von der Färse (Transgourmet Ursprung) • 80 g Butterflocken • 2 Rosmarinzweige • Fleur de Sel • Trüffeljus. **Petersilienwurzelmousse:** 25 g Butter • 50 g Schalottenwürfel • 5 g Knoblauch • 60 g Petersilienwurzel, fein geschnitten • Salz • Zucker • 80 ml Gemüsebrühe • 30 ml Sahne. **Pesto:** 40 g Erdnüsse • 1/2 Bd. Blattpetersilie • Olivenöl • 1 EL Parmesan • Pfeffer aus der Mühle. **Pilzragout:** 300 g Pilzmix • 4 Schalotten • Knoblauch • 1 Stange Staudensellerie • 1 Rosmarinzweig • 50 ml Madeira • 120 ml Sahne. **Pilze in Amarant:** 2 EL Amarant • 100 g Pilzmix • Salz • Pfeffer • Knoblauch • Lorbeer • Rosmarin. **Schwamm:** 200 g Pilzmix • 30 g Mehl • 100 g Eiweiß • 70 g Eigelb

**Petersilienwurzelmousse:** Butter auslassen und Schalotten und Knoblauch darin farblos anschwitzen. Petersilienwurzel zugeben mit Salz und etwas Zucker abschmecken. Gemüsebrühe zugeben und langsam weich kochen. Fein mixen und passieren. Sahne zugeben und nochmals abschmecken.

**Pesto:** Blattpetersilie abzupfen, und die Blätter etwas vorschneiden. 30 g Erdnusskerne in eine Moulinette geben, Petersilienblätter zugeben und mixen. Nach und nach Olivenöl zugeben, bis zur gewünschten Konsistenz. Parmesan, Pfeffer aus der Mühle und restliche Erdnüsse noch mal kurz mit mixen.

**Pilzragout:** Gemischte Pilze in feine Würfel schneiden, fein gewürfelte Schalotten und Knoblauch in Olivenöl anschwitzen. Pilze und kleine Staudenselleriewürfel zugeben. Würzen mit Salz und Pfeffer. Rosmarin zupfen und die Nadeln fein hacken, zu den Pilzen in die Pfanne geben. Kurz weiterbraten und mit Madeira ablöschen. Etwas köcheln lassen, Sahne zugeben und kurz kräftig aufkochen. Zur Seite stellen und noch mal abschmecken. Amarant wie Popcorn in der Pfanne aufpoppen lassen. Pilze in Butter anschwitzen mit Salz, Pfeffer, Knoblauch, Lorbeerblatt und Rosmarin abschmecken. Pilzmasse kurz vor dem Anrichten durch den Amarant ziehen.

**Schwamm:** Pilze mit Mehl, Eigelb und Eiweiß vermengen und abschmecken. In eine iSi-Flasche füllen, verdichten und schütteln. Eine halbe Stunde kühl ruhen lassen. In Pappbecher füllen und 30–60 Sekunden (je nach Gerät) in die Mikrowelle geben. Den Becher umdrehen, damit der Schwamm nicht wieder zusammenfällt.

**Färse:** Fleisch auf Zimmertemperatur bringen. Eine Grillpfanne erhitzen und das Fleisch von allen Seiten scharf anbraten. Im vorgeheizten Ofen bei 170° C garen, je nach Dicke 5–9 Minuten. Das Fleisch sollte noch nicht ganz den gewünschten Garpunkt erreicht haben. Im Warmhalteofen oder in Alufolie ruhen lassen. Dieselbe Pfanne wieder erhitzen und Butterflocken sowie gewünschte Aromaten (Rosmarin, Knoblauch, Chili usw.) zugeben. Das Fleisch zufügen und unter ständigem Übergießen arrosieren.

**Anrichten:** Zuerst alle Beilagen auf dem Teller anrichten. Dann das Fleisch gegen die Faser aufschneiden. Schnittflächen leicht mit Fleur de Sel bestreuen. Zum Schluss ein wenig Trüffeljus angießen.

**New York Sour**

5 cl Rye Whisky

3 cl frischer Zitronensaft

2 cl Zuckersirup     3 cl Rotwein

Orange

Whisky, Zitrone, Zucker und Eiweiß auf Eiswürfel in einen Boston Shaker geben. Shaked, strained auf Eiswürfel in ein Double Old Fashioned Glas. Rotwein floaten. Mit einem Orangetwist garnieren.

**Transgourmet Ursprung Färse aus dem Alpenvorland** Das Alpenvorland, begrenzt durch die Berge auf der einen und die Donau auf der anderen Seite, bildet die Heimat für diese Färsen. Die weiblichen Rinder sind zwar geschlechtsreif, haben aber nicht gekalbt. Dadurch wird ihr Fleisch feinfaseriger und von zahlreichen feinen Fettäderchen durchzogen. So ist es nicht nur besonders zart und saftig, sondern zugleich aromatisch.

Aromenpairing von Bar & Kitchen in Umami-Qualität. Zugegeben: Teller und Getränk sind für sich genommen schon beide sehr charakterstarke Solisten. Ihr Zusammenspiel ist jedoch eine geschmackliche Offenbarung. Rye und Rindfleisch harmonieren ebenso gut wie Rotwein und Pilze. Das nussige Aroma des Fleisches wird durch die Erdnüsse noch stärker konturiert. Diese zunächst vordergründig wirkenden Akzente werden in ein lang anhaltendes Aromenspiel von Säure und grünen Anklängen der Petersilie überführt. Die Petersilie als Pesto, Mousse und Chips ist durch die unterschiedlichen Texturen ein abwechslungsreicher Begleiter. Die bitteren Einsprengsel im New York Sour sorgen für einen wohligen Gegenpart zu den karamelligen Noten auf dem Teller.

# FEINES VOM PÜTZHOFER KANINCHEN

**SALBEI / VANILLE / MESCLUN-SALAT**

ROLAND ROHM & SANDRA WINTERS

1 Kaninchen (Transgourmet Ursprung) • **Schaumsauce:** 1 Karotte • 1/2 Sellerieknolle • 1 Stück Porree • 1/4 Vanilleschote • einige Salbeizweige • Lorbeer • 1 l Weißwein • 1 Tasse Mirin • 1 l Brühe • 1 Becher Sahne • Butter • Salz • Cayennepfeffer • **Keulen:** 1/2 Staudensellerie • 4 Schalotten • 6 Knoblauchzehen • Lorbeer • Salbei • Weißwein • etwas Sherry • **Roulade von Kaninchenrücken und -nieren:** 1 Schalotte, gewürfelt • 1 Knoblauchzehe, in Scheiben • Olivenöl • 1 Ei • Kerbel • 1 Msp. Trüffeltapenade • Pfeffer • Salz • Butter • 4 Blatt Frühlingsrollenteig • 1 Eiweiß • Meersalz • **Gefüllte Salbeiblätter:** große Salbeiblätter • Olivenöl • 1 Schalotte, fein gewürfelt • 1 Knoblauchzehe • etwas fein gewürfelter Porree • Salz • Pfeffer • 1 Eigelb • 1 Eiweiß • **Koteletts:** Butter • etwas Mirin • Salz • **Kaninchenleber:** Butter • Salbei 1 Knoblauchzehe • Lorbeer • Salz • **Salat:** Mesclun-Salat • natives Olivenöl • Sherryessig • Salz • Pfeffer • 1 Tropfen Läuterzucker

**Kaninchen:** Rückenfilets mit Bauchlappen, Koteletts, Vorderläufen und Keulen, Nieren und Leber.

**Schaumsauce:** Alle Karkassen in etwas Öl anbraten. Ein wenig Röstgemüse zugeben, salzen und pfeffern und klein geschnittene Vanille dazugeben. Dann Salbeistiele und Lorbeer zugeben und mit Weißwein ablöschen. Einkochen lassen bis es sämig wird. Mit Mirin ablöschen, etwas köcheln lassen und dann Brühe zugeben und 1 Stunde leicht köcheln lassen. Sahne aufgießen und einmal aufkochen und dann durch ein Sieb passieren. In einen Topf geben, aufkochen lassen und mit Butter montieren. Eventuell nochmals mit Salz, Pfeffer, Mirin und Cayennepfeffer abschmecken.

**Keulen:** Keulen salzen und pfeffern und in etwas Öl anbraten. Staudensellerie, Schalotten und Knoblauch zugeben und mitbraten. Dann Lorbeer und etwas Salbei zufügen und den Ansatz mit Weißwein bedecken. Langsam gar ziehen lassen. Wenn sich der Knochen leicht lösen lässt, mit etwas Sherry beträufeln. Die Keulen zugedeckt am Herdrand stehen lassen.

**Roulade:** Schalottenwürfel und Knoblauchscheiben in Olivenöl farblos anschwitzen. Das aufgeschlagene Ei zugeben und ein weiches Rührei zubereiten. Etwas Kerbel zugeben und mit Trüffeltapenade sowie Salz und Pfeffer würzen. Auskühlen lassen. Rückenfilet mit Bauchlappen würzen und die ausgekühlte Masse auf den Bauchlappen geben. Die Nieren kurz in Butter schwenken, halbieren und in die Masse drücken. Die Bauchlappen einschlagen. Frühlingsrollenteig zurechtschneiden und etwas Eiweiß zusammenkleben und den Rücken darin einrollen. Bei 170° C im heißen Fett 12 Minuten backen. Kurz auskühlen lassen und aufschneiden. Die Schnittfläche mit etwas Meersalz bestreuen.

**Gefüllte Salbeiblätter:** Für die Füllung etwas Kaninchenfleisch ganz fein gehackt in Olivenöl anbraten. Schalottenwürfel, Knoblauch und etwas fein gewürfelten Porree zugeben. Mit Salz und Pfeffer würzen. Wenn die Masse leicht ausgekühlt ist ein paar Tropfen Eigelb zur Bindung geben. Die Salbeiblätter mit Eiweiß benetzen und mit der Masse füllen. Fest andrücken und etwas antrocknen lassen. Später kurz in der Pfanne in etwas Öl braten und abschließend salzen.

**Koteletts:** Die fein gesäuberten Koteletts in wenig Butter braten. Mit etwas Mirin beträufeln. Zum Schluss halbieren und salzen.

**Kaninchenleber:** Die Leber am Herdrand in einer kleinen Sauteuse mit Butter bedecken. Salbei, Knoblauch sowie Lorbeer zugeben und ganz langsam garen. Aufschneiden und salzen.

**Salat:** Mesclun-Salat mit Olivenöl, etwas Sherryessig, Salz, Pfeffer und Läuterzucker anmachen.

**Anrichten:** Zwei Drittel vom Salat auf dem Teller arrangieren. Dann die weiteren Komponenten, aufgeschnittene Roulade, Leber, Keulen mit Schaum, Koteletts und das gefüllte Salbeiblatt dazugeben. Die restlichen Salatblätter zum Schluss darüber verteilen.

---

**S.O.C. – Sage Old Cuban**

4 cl kubanischer Rum

2 cl frischer Limettensaft

2 cl hausgemachter Vanillesirup

1 Dash Angostura Bitter

3 cl Champagner    4 Salbeiblätter

1 Vanilleschote

Alle Zutaten außer Champagner in einen Boston Shaker geben. Leicht muddeln. Eiswürfel zugeben. Shaked, double strained und straight-up in ein Coupette Glas abseihen. Mit Champagner auffüllen. Mit Salbei und 1/4 Vanilleschote garnieren.

**Transgourmet Ursprung Pützhofer Kaninchen**
Die schneeweißen Lapinchen verfügen nicht nur über jeden Menge Platz, sondern auch über viele Artgenossen. Denn Kaninchen sind soziale Wesen und brauchen ihre Artgenossen für eine gesunde Entwicklung. Die Pützhofer Kaninchen erhalten ihr hochwertiges Futter aus der Region. So bilden sie neben der ausgeprägten Muskulatur auch festes Fleisch mit dem für sie charakteristischen nussig-zarten Geschmack aus.

Frome nose to tail: Alles vom Kaninchen findet hier Verwendung. Neben der durchgängigen Würze mit Salbei gibt es zusätzlich mit Kaninchenfarce gefüllte Salbeiblätter, die kurz angebraten für einen harmonischen Akzent sorgen. Der Old Cuban wird hier mit Salbei zubereitet und avanciert so zu einer passenden Begleitung des Kaninchens. Der Drink selbst besticht durch seine ausgewogene Struktur, die Vanille unterstützt leicht den Charakter des Rums, während saure und bittere Elemente für ein spannendes Mundgefühl sorgen, in dem der Champagner perlend spielend Platz zur Entfaltung findet. Wie gut, das man gute Getränke im Pairing noch besser präsentieren kann.

# THE LATE SUMMER UNIVERSE

Text: Thomas Ruhl

Als Geranien bezeichnet man umgangssprachlich die gezüchteten Arten der Pelargonie. Das ist botanisch zwar nicht korrekt, aber gebräuchlich. Aus den Duftgeraniensorten werden ätherische Öle hergestellt und in der Küche finden sie Verwendung zum Aromatisieren von Speisen, Desserts und Getränken. Besonders geeignet zeigt sich hier die Rosenpelargonie. Auch Rasmus Kofoed experimentierte einst mit diesen Storchschnabelgewächsen. Daher der Restaurantname. Heute jedoch steht Geranium als Symbol für die Arbeit des Teams, erklärt Rasmus. Ihr Variantenreichtum für die Ideenvielfalt. Ihr Wachstum für die Energie und den Willen, gesund zu gedeihen. Und sie ist grün – so wie die Küche, die mit vielen vegetabilen Elementen arbeitet. Das hat ihm seine Mutter mit auf den Lebensweg gegeben. Sie war Vegetarierin. Neben dem NOMA ist das Geranium das zweite bedeutende dänische Restaurant von Weltruhm. Stand aber in Punkto Publizität in dessen Schatten. Zu mächtig war die Medienwirksamkeit der New Nordic Cuisine Bewegung. Zu der hat Rasmus Kofoed nie gehört. Sicher sind die Gerichte im Geranium mit Produkten lokaler Produzenten bestückt. Und Saisonalität ist eine tragende Säule des Menükonzepts. Doch hat sich Kofoed nie den Doktrinen des New Nordic Cuisine Manifests unterworfen. "Ich habe immer gemacht, was ich für richtig halte, was ich denke, was gut ist", erklärt der junge Chef. In Punkto Michelin lag das Geranium mit dem NOMA lange mit zwei Sternen gleich auf. Und jetzt da der große Medienhype um die nordische Nova Regio Küche abgeklungen ist, rückte Kofoed mehr und mehr in den Mittelpunkt des Interesses. 2016 erhielt das Geranium als erstes dänisches Restaurant drei Sterne. Zeitgleich mit dem Maaemo in Oslo. Damit zeichnet der Guide Michelin erstmalig zwei skandinavische Restaurants mit der höchsten Ehrung aus. In der Liste der World's 50 Best Restaurants besetzt das Geranium Platz 28. Das NOMA rangiert auf Rang 5 (2016).

Rasmus, Jahrgang 1974, begann seine Karriere im Kopenhagener Hotel D'Angleterre. Danach führte ihn sein Weg in das belgische Zwei-Sterne-Restaurant Scholteshof. Zurück in Kopenhagen tingelte er durch diverse Spitzenhäuser. Parallel beteiligte er sich sehr erfolgreich am Bocuse d'Or, der in Skandinavien eine große Bedeutung hat und wo ein Sieg den Aufstieg zum Koch-Nationalhelden mit sich bringt. 2005 Bronze, 2007 Silber und 2010 sowie 2011 jeweils Gold. Nun war Kofoed Celebrity Chef. Vor diesem Background war die Eröffnung eines eigenen Restaurants logisch. Das erste Geranium öffnete in den Rosenborg Gärten. Von Anfang an mit von der Partie sein Partner, Wine Director und General Manager Søren Ledet. Der Erfolg kam schnell. Kurz nach der Eröffnung kam der erste Michelinstern. Im selben Jahr jedoch musste das Restaurant schließen. Ein Investor ging in den Konkurs. Das Reopening erfolgte an einem recht ungewöhnlichen Ort. Hoch oben in der achten Etage, auf dem Gipfel eines Büroturms, angeklebt an das Fußballstadion des FC Kopenhagen. Von hier oben gewähren große Fenster einen offenen Blick über einen Park und Sportanlagen hinweg in die Stadtlandschaft.

Es ist Donnerstagmittag. Das Restaurant ist voll. Es ist immer voll, erklärt Søren Ledet stolz. Das machen der Michelin und die 50 Best. Und eifrig lassen die Gäste, ca. 70 Prozent international, sich vom Service und den Köchen vor der einzigartigen Kulisse fotografieren. Die Köche sind mitten im Geschehen und servieren im Wechsel mit dem Service. Einst war die Küche nebenan, mit Blick auf das Spielfeld. Doch Rasmus hat sie in den Speisesaal verlegt, um diesen lebendiger zu gestalten. Kofoeds modern-dänischer Küchenstil wartet mit ausgewogenen harmonischen Kreationen auf. Im Stil der französischen Küche abgeschmeckt und filigran angerichtet. Ganz und gar anders als die archaischen Gänge der New Nordic Cuisine. Sein Menü mit dem Titel "The Late Summer Universe" besteht aus sechs Appetizern, sieben Gängen und zwei Desserts. Topinambur serviert er knusprig in Blätterform. Dazu ein Dip. Die Dillstein Makrele wird von Meerrettich und gefrorenem Pickled Dill Saft begleitet. Als Signature Dish bezeichnet Kofoed selbst sein "Grilled and Salted Pork on the Bone' "mit eingelegten Pinien und schwarzen Johannisbeerenblättern. Alles sehr beeindruckend.

www.geranium.dk

# RASMUS KOFOED
GERANIUM, KOPENHAGEN — NO. 28 / 50 BEST, *** MICHELIN

# CREMIGES SOMMERGEMÜSE
## MIT AUSTERN & EINGELEGTEN HOLUNDERBLÜTEN

RASMUS KOFOED

**Kartoffel-Lauch-Creme:** 250 g Milch • 25 g Lauch (das Weiße) • 100 g biodynamische Kartoffeln • 1 g Knoblauch • 4 g Salz • 75 g Butter • Salz nach Geschmack • 25 g Petersilie • 50 g Wildnesseln • **Austernsauce:** 50 g Austernsaft • 20 g fermentierter Kohlsaft • 50 g frische Austern • 50 g getrocknete Austern • 100 g Miesmuscheln • 50 g cremiger Käse • 50 g Butter • 20 g Champagner • **Gegrillte Austern:** 4 große Austern • **Erbsen:** 50 g frische Erbsen • 20 g eingelegte Holunderblüten

**Kartoffel-Lauch-Creme:** Das Gemüse kochen bis es weich ist. Im Thermomix mit Milch mischen und die Butter einarbeiten. Dann die blanchierte Petersilie und Wildnesseln für 10 Minuten untermischen. Durch ein feines Sieb passieren, in ein Siphon füllen und mit 2 Gaspatronen beladen.

**Austernsauce:** Austern und Miesmuscheln mit den Säften für 12 Minuten einweichen. Durch ein feines Sieb geben und mit cremigem Käse, Butter und Champagner mischen.

**Gegrillte Austern:** Die Austern grillen und in kleine Stücke schneiden.

**Erbsen:** Die Erbsen mit Öl, Zucker und Salz marinieren und die eingelegten Holunderblüten hinzugeben.

# SCHWERTMUSCHELN, MINERALIEN & SAUERRAHM

**RASMUS KOFOED**

**Schwertmuschel:** 1 Packung Filoteig • Holzkohle- und Algenpulver • Wasser • **Schwertmuscheltatar:** 60 g Schwertmuscheln, gewürfelt • 50 g Crème fraîche • 1 g Estragon, geschnitten • 2,5 g Salz • 1,2 g Zitronenschale • 1/2 Löffel Zitronensaft • 8 g Petersilie, gehackt

**Schwertmuschel:** Holzkohle- und Algenpulver mit ein paar Tropfen Wasser zu einer Paste auflösen. Die Filoteigblätter damit bestreichen und in Streifen schneiden. Um einen Stab gedreht im Ofen bei 150° C für 10 Minuten backen.
**Schwertmuscheltatar:** Die gewürfelten Schwertmuscheln mit den weiteren Zutaten vermengen.

# WILDKRÄUTER,
## LAUCH, GERÄUCHERTES SCHWEINEFETT & GESCHMOLZENER "VESTERHAVS" KÄSE

RASMUS KOFOED

**Wildkräuter:** saisonale, aromatische Wildkräuter nach Wahl • **Geschmolzener Käse:** 200 g Vesterhavs Käse (Heu-Käse) • 200 g Wasser • 30 g Butter • Salz • **Lauch:** 4 Lauchstangen • 2 EL eingelegte Bärlauchsamen • verbrannter Knoblauch • 50 g geschmolzenes, geräuchertes Schweinefett • **Eingelegtes Wachteleigelb:** 10 Wachteleier • 100 g Apfelessig

**Geschmolzener Käse:** Käse und Wasser langsam in einem Topf für 2 Stunden erwärmen. Die Flüssigkeit abseihen, Butter zufügen und mit Salz würzen.
**Lauch:** Lauch in Salzwasser kochen, bis er saftig und zart ist. Samen, Knoblauch und Schweinefett hinzufügen.
**Eingelegtes Wachteleigelb:** Wachteleigelbe für 2 Stunden in Apfelessig einlegen.

## GEGRILLTES, GERÄUCHERTES UND GLASIERTES
# SCHWEINEFLEISCH,
## SCHWARZE JOHANNISBEERBLÄTTER

RASMUS KOFOED

**Schweinerippchen:** 600 g Schweinerippchen • Salz • Buchenholz • **Sellerieknochen:** 1 große Sellerieknolle, geschält • **Kochwasser:** 2,5 l Wasser • 35 g Salz • 50 g Apfelessig • **Gegrillter Schweinefleischsaft mit Johannisbeerblättern:** 300 g Hühnerbrühe • 200 g gegrilltes Schweinefleisch, geschnitten • 5 g Zitronenthymian • 5 Knoblauchzehen • 50 g frische Johannisbeerblätter • **Außerdem:** saisonale, aromatische kleine Kräuter

**Schweinerippchen:** Die Rippen in einer Salzlösung (10 %) für 3 Stunden einlegen. Danach 10 Stunden bei 74° C garen. Nun die Rippen grillen und mit Buchenholz räuchern. Das Fleisch vom Knochen lösen, erhitzen und glasieren.

**Sellerieknochen:** Sellerie in 1 cm dicke Scheiben schneiden. Mit einem Ringschneider in eine Knochenform schneiden. Die Sellerieknochen im Kochwasser garen.

**Gegrillter Schweinefleischsaft mit Johannisbeerblättern:** Die Brühe mit dem Schweinefleisch für 1 Stunde köcheln lassen. Mit den restlichen Zutaten zugedeckt bei geringer Hitze 30 Minuten ziehen lassen. Durch ein Tuch schütten und einreduzieren.

# "KRÄUTER IM WALD"
## WALDSAUERKLEE & WALDMEISTER

**RASMUS KOFOED**

**Creme von Waldmeister & weißer Schokolade:** 500 g Sahne • 60 g Zucker • 3 Blatt Gelatine • 30 g weiße Schokolade • 0,3 g getrocknetes Waldmeisterpulver • **Waldmeistergel:** 500 g Wasser • 60 g Zucker • 75 g blanchierter Waldmeister • Gelatine • **Waldsauerkleewasser:** 250 g eiskaltes Wasser • 35 g Zucker • 60 g Waldsauerklee • **Knusprige Pflaumenbäume:** 250 g Pflaumen • 360 g Wasser • 50 g Zucker • 40 g Isomalt • 10 g Glukose

**Creme von Waldmeister & weißer Schokolade:** Sahne und Zucker langsam erhitzen. Eingeweichte Gelatine mit Schokolade und Waldmeisterpulver vermengen. In die Sahne-Zucker-Mischung geben und verrühren. Im Kühlschrank kalt stellen.

**Waldmeistergel:** Blanchierten Waldmeister mit Zucker und Wasser vermengen, die Flüssigkeit durch ein feines Tuch streichen und 1 Blatt Gelatine pro 100 g Flüssigkeit zugeben.

**Waldsauerkleewasser:** Zucker und Waldsauerklee mit eiskaltem Wasser mischen und 7 Minuten ziehen lassen. Die Flüssigkeit durch ein feines Tuch abtropfen lassen und in Formen einfrieren.

**Knusprige Pflaumenbäume:** Alle Zutaten in einem Thermomix zu einem feinen Püree mixen. Durch ein Sieb passieren und in einen Vakuumbeutel geben. Die Masse zu einem Ast formen und bei 105° C für 70 Minuten knusprig backen.

# MÄNNERSPIELZEUG

**THOMAS RUHL**

**Vom wichtigsten Werkzeug**

Auf die berühmte Frage, was man denn auf eine einsame Insel mitnehmen wolle, wenn nur ein Teil erlaubt sei, ist die einzig richtige Antwort: ein Messer. Messer sind die ältesten Werkzeuge der Menschheit und sie sind bis heute die Universellsten. Es begann mit dem steinernen Faustkeil, dem "Schweizer Taschenmesser" des Urmenschen. Er diente als Waffe, zum Hacken, Schneiden und Werfen und zum Zerteilen der Nahrung. Dabei reichten manche Feuersteinklingen durchaus an die Schärfe heutiger Skalpelle heran. Mit der aufkommenden Metallverarbeitung in der Bronzezeit spezialisierten sich die Messer. Zur Zeit des Pyramidenbaus stellten die Ägypter bereits chirurgische Klingen aus Kupfer her. In der Antike wurde dem Messer eine lederne Scheide verpasst, um den unverzichtbaren Alltagsgegenstand immer bei sich tragen zu können. So auch im Mittelalter. Sowohl Mann als auch Frau trugen ihr persönliches und einziges Messer zum universellen Gebrauch, oft zusammen mit einem Löffel im Besteck am Gürtel jederzeit bei sich. Das Wort Besteck stand seinerzeit für Etui und wurde erst später für das Tischwerkzeug Ensemble übernommen. Neben diesem rein praktischen Nutzen wurde das Messer besonders bei Männern zum Statussymbol. Kunstvoll geschmiedet und reich verziert dokumentierten sie Stand, Rang und Reichtum des Besitzers. Schauen sie nur einem Mann ins Gesicht, der ein anständiges Messer in die Hand bekommt. Sein Blick verklärt sich und Faszination macht sich breit. Bei der Zunft der Köche war und ist das nicht anders. Zwar blieb die Gestaltung ihres wichtigsten Werkzeugs aus praktischen Gründen schlicht und funktional, aber Qualitätsarbeit namhafter Manufakturen ehrte den Besitzer. Denn während alles andere in der Küche dem Betreiber gehörte, so waren die Messer persönliches Eigentum des Kochs. Ehrensache. So verbunden mit dem Besitzer wie das Schwert mit einem Ritter, das Katana mit einem Samurai. Traditionell bekam der junge Koch nach der Lehre ein gutes Messerset geschenkt, das hielt dann sein Leben lang. Und besonders stolz war er, wenn es von der Manufaktur Friedrich Dick gefertigt worden war.

Ein Foto von Inhaber Wilhelm Leuze? Ja, aber nicht ohne seine Mitarbeiter! Melinda Triebe, Produktmanagerin, und Steffen Uebele, Marketing und Vertriebsleiter.

**Messer für Profis**

Bis heute hat die "Traditionsmarke der Profis" ihr gutes Image nicht nur gehalten, sondern ausgebaut. Messersets von Dick stehen zu Recht ganz oben auf der Wunschliste von Profi- und Hobbyköchen, die etwas auf sich halten, sowie bei Fleischern in Industrie und Handwerk. Natürlich stellt der Erwerb von Qualitätsmessern eine gewisse Investition dar. Doch bevor zu einem "Komplettset" aus fragwürdiger Produktion gegriffen wird, ist es ratsamer, zunächst weniger Messer, die wichtigsten wie Kochmesser, Officemesser und Filetiermesser zu erwerben, und wenn sich der Geldbeutel erholt hat, nach und nach andere Formen zuzukaufen. Freilich haben sich die Dick-Messer von einst verändert. Sie sind modern geworden. Einst war Dick = dick, ein breiter Rücken, eine breite Klinge. Viel Material mit einem typisch europäischen balligen Schliff. Sein Vorteil war eine gute Schnitthaltigkeit. Sein Nachteil keine extreme Schärfe. Heute achten Köche bei der Wahl ihrer Messer nicht nur auf Design, sondern natürlich auf eine hervorragende Funktion, die ihnen die tägliche Arbeit erleichtert. Diesem Wunsch entsprechend sind die Dick-Klingen schmaler geworden, lassen sich dünner und spitzer schleifen. Der Vorteil: Das Schneiden geht einfacher, fast wie von selbst. Das fördert deutlich die Experimentierfreudigkeit.

Diese Entwicklung ist durchaus auf die Einflüsse asiatischer insbesondere japanischer Kochkultur und Messerschmiedekunst zurückzuführen. Die japanische Santoku-Form "Drei Tugenden", weil sie sich sowohl für Fisch, Fleisch und Gemüse einsetzen lässt, ist mittlerweile mit bedeutenden Stückzahlen Mitglied der Dick-Familie. Der Nachteil solch schmal und spitz geschliffener Klingen liegt auf der Hand. Klar, dass sie schneller abstumpfen und häufiger geschärft werden müssen.

**Richtig scharf machen...**

Sehen sie einmal einem Metzgermeister bei der Arbeit zu. Bevor er mit dem Messer etwas schneidet, greift er zum Wetzstahl und zieht die Klinge ab. Jedes Mal. Das hat er sich angewöhnt. Er pflegt so sein Werkzeug und hält es immer scharf. In den Küchen ist das leider oft etwas anders. Hier sind Schneidewerkzeuge zu finden, die so stumpf sind, dass Schnittgut eher abgequetscht, denn zerteilt wird. Geschärft wird dann, wenn absolut nichts mehr geht. Dann aber ist es eigentlich schon zu spät, denn jetzt ist hoher Aufwand gefordert. Auch Koch und Köchin sollten sich angewöhnen, vor dem Schneiden immer das Messer abzuziehen. Der Wetzstahl ist ebenso

Seite aus einem historischen Katalog mit monumentalem Format. Messer und Köcher sind in Originalgröße abgebildet.

wichtig wie das Messer selbst. Mit diesen Werkzeugen ist Dick zu Recht Qualitätsweltmarktführer. Dick-Wetzstähle werden in verschiedenen Formen und mit unterschiedlichen Oberflächen für spezifische Anwendungen angeboten. Die Griffe zeigen sich in ästhetischem Design mit Fingerschutz für sicheres Arbeiten. Je nach Beschaffenheit der Wetzstahlzüge wird die Messerklinge im mikroskopischen Bereich unterschiedlich angeraut und die Schneide mikrogezahnt. Beispiel: Wird ein Messer für das Durchschneiden von Tomatenhaut oder Obst eingesetzt, ist eine rauere Zahnung, erzielt durch einen Diamantwetzstahl mit sehr hohem Abtrag, sinnvoll. Bei weichem Schnittgut wie Fisch und Fleisch, ist eine glatte und dünne Schneide sinnvoll. Sie wird mit einem Stahl der Dickoron Familie "Classic Saphirzug" erzielt.

Folgende Züge sind erhältlich:
- Poliert. Kein Abtrag. Nur zum Glätten und Aufrichten von Schneiden
- Feinzug. Kaum Abtrag. Zum Aufrichten von sehr spitzen Schneiden. Z.B. bei japanischen Klingenformen
- Standardzug mit hohem Abtrag
- Grober Zug mit hohem Abtrag. Gut für den Privathaushalt
- Diamantbeschichtung mit sehr hohem Abtrag
- Wolframcarbid für sehr harte kohlenstoffhaltige Messerstähle
- Keramik. Für harte Messer

Die Oberfläche ist also das wichtigste Kriterium bei der Wahl eines Stahls, das zweite ist die Länge. Das Messer mit der längsten Klinge sollte in einem Zug über den Stahl zu ziehen sein. Die Handhabung des Wetzstahls braucht ein wenig Übung. Macht dann aber Spaß oder sogar süchtig. Das Messer wird dabei mit der Schneide zum Griff von oben nach unten beginnend, beim Fingerschutz bis zur Spitze über den Stahl geführt. Ganz gleichmäßig mit sanftem Druck. Die rechte Seite der Klinge vor dem Stahl, die linke dahinter, und jede gleich oft. Entscheidend für den Erfolg ist, dass die Klinge in einem Winkel von 15–20 Grad geführt wird. Arbeitet der Koch regelmäßig mit dem Stahl, reichen wenige Striche, um die Schärfe zu erhalten. Eine Alternative zum Stahl bietet der Rapid Steel, bei dem das Messer durch eine Vorrichtung gezogen wird. Schärfestäbe geben den Schleifwinkel und den Druckwiderstand vor. In Küchen ideal für ungelernte Kräfte. Wenn mit dem Wetzstahl nicht mehr das gewünschte Ergebnis erreicht wird, muss mit Hilfe einer Schleifmaschine die Grundgeometrie der Klinge wiederhergestellt werden.

**Besser statt mehr**
Wir besuchen das Unternehmen am Stammsitz in Deizisau Nähe Stuttgart. Eigentlich kein klassischer Messerstandort wie Solingen oder Laguiole in der französischen Region Okzitanien. "Diese Region in Schwaben ist bekannt für Mercedes Benz, Bosch und eben Dick", lacht Wilhelm Leuze, Inhaber und Geschäftsführer des Familienunternehmens, der uns freundlich empfängt. Leuze ist Spross der Dick-Dynastie und führt die Firma im Stil des klassischen deutschen inhabergeführten Unternehmertums. Er ist Vaterfigur und Patriarch, hält fest am Standort Deutschland und die Mitarbeiter sind ihm wichtiger als der Gewinn. Tradition und Zusammenhalt sind wichtige Werte. Ganz anders als in managementgeführten Konzernen, wo es nur noch um Gewinnmaximierung im Sinne der Shareholder geht und alle Entscheidungen dem Unterliegen, trifft Wilhelm Leuze Entscheidungen mit Herzblut. Und es wird auch mal ein Produkt hergestellt, das einfach nur schön ist und Spaß macht und von dem Leuze weiß, dass es nie ein Verkaufsschlager wird. Es sei nicht das Unternehmensziel, der Größte zu sein, erklärt der Inhaber, Ziele sind Qualität und Kundenzufriedenheit und daraus resultierend ein gesundes nachhaltiges Wachstum. Auf einen schnellen Euro durch Sonderverkäufe oder Aktionen hat man bei Dick nie Wert gelegt. Auch Billigprodukte für den Haushalt kamen nie in Frage. Die Nähe zu den Profis und der Austausch mit ihnen prägt das Sortiment. Bei Dick denkt das gesamte Management über den Verkauf hinaus. Er ist nicht das eigentliche Ziel, sondern das der Kunde gut und zufrieden mit dem Produkt arbeiten kann. Die Qualität selbst sowie das Peripherieangebot spielen dabei eine entscheidende Rolle. Die Garnierwerkzeuge zum Garnieren von Obst und Gemüse oder das "Schnittbuch", ein Lehrbuch für Schneidetechnik in der Küche, verkörpern dieses Ansinnen. Doch Dick beweist auch, dass ein Unternehmen des Mittelstandes führend sein und sich gegen Konzerne behaupten kann. Dabei hat man sich immer wieder den sich verändernden Märkten angepasst, Sortimente entwickelt oder verworfen.

1778 gründete Friedrich Dick die Firma als Feilenhauerwerkstatt. Rund einhundert Jahre später folgte als logische Erweiterung die Wetzstahlproduktion. Die Kundschaft aus Industrie und Handwerk wurde um Köche und Fleischer erweitert. Nun hatte Dick einen neuen Vertriebsweg erschlossen und begann, diesen auch mit Messern und Spaltern zu versorgen. In der Neuzeit kamen elektrische Schleifmaschinen hinzu. Zudem eroberte das Unternehmen den Markt der Lebensmittel-Großbetriebe, der heutzutage sogar mit gechipten High-Tech-Messern (RFID) versorgt werden kann. Ein alter Katalog zeigt ein großes Produktportfolio. Es reicht von Besteck über Kuchenformen bis hin zu Kitchen Tools. Von denen hat Dick sich mittlerweile getrennt. Einige interessante Nischenprodukte haben sich erhalten. So Litho- und Radiernadeln oder Hufmesser. Schon früh breitete die Firma ihre Flügel über den Globus aus. Schon 1893 wurde in Chicago die Weltausstellung besucht und 1904 zeigte man die Produkte in St. Louis. Heute ist Dick in 84 Ländern aktiv. Mit eigenen Tochtergesellschaften in den USA und Italien und einem Joint Venture in China. Dazu kommen zwei Tochtergesellschaften in Remscheid, ein Zweigwerk in Bayreuth und eine internationale Beteiligung. Macht unterm Strich gut 45 Millionen Euro Umsatz mit 240 Mitarbeitern.
Auch in Zukunft bleibt das Unternehmen in Familienhänden. Wilhelm Leuzes Tochter Liesa Lotte Leuze wird die Nachfolge antreten.

www.dick.de

# SCHNEIDIGE BURSCHEN

Links das Modell Tanto aus der Red Spirit Serie. Die asiatisch inspirierten Messer sind extrem schlank geschliffen. Zusätzlich ist die Schneide poliert. Das verleiht ihnen eine extreme Schärfe. Auch das zweite Messer ist mit einer asiatischen Klingenform ausgestattet. Ein Santoku mit zusätzlichem Kullenschliff, der die Haftung des Schnittguts an der Klinge herabsetzt. Santoku lässt sich mit drei Tugenden übersetzen. Ein Universalmesser für Fisch, Fleisch und Gemüse. Der Griff mit ausgezeichneter Haptik geht auf einen historischen Entwurf von 1905 zurück. Die Wetzstähle sind ebenso wichtig wie die Messer. Vor jedem Gebrauch empfiehlt es sich, die Klinge abzuziehen. Wetzstähle werden mit ästhetischen Griffen und verschiedenen Oberflächen angeboten. Beim Abzug verleihen sie der Schneide Mikrozahnungen oder glätten diese, je nach Aufgabe des Messers.

**DICK** – Traditionsmarke der Profis

# DIE COTTBUSER KOCHKULTUR

## ZU GAST BEI DEN MIELE TAFELKÜNSTLERN

**TEXT: THOMAS RUHL**

**Prolog: Zusammen essen, zusammen kochen, Spaß haben.**
Die Miele Tafelkünstler sind eine Vereinigung von Kochschulen, die flächendeckend über ganz Deutschland verteilt sind. Unter fachkundiger Anleitung, teils sind es Starköche, geht es darum, in entspannter Atmosphäre etwas zu lernen und sein eigenes Kochtalent zu entfalten. Wichtig ist dabei immer der gesellschaftliche Aspekt, nette Leute kennenzulernen, Spaß zu haben und gut zu essen. Das, was man gemeinsam gekocht hat, schmeckt besonders gut. Wir besuchen einen dieser Tafelkünstler im äußersten Osten unserer Republik.

### Die Hauptstadt der Sorben
Von Berlin kommend passieren wir den Spreewald. Das ausgedehnte Biosphärenreservat mit seinen unzähligen Flussverzweigungen, Mooren und Auen ist eine Kulturlandschaft, die von slawischen Völkern geprägt wurde. Etwa ab dem sechsten Jahrhundert siedelte sich im Zuge der Völkerwanderung der Stamm der Sorben in der Gegend um das heutige Bautzen an, hier in dieser Gegend waren es die Wenden. Etwa im achten Jahrhundert fiel der Stamm der Lusitzi ein, baute imposante runde Burgen und gab der Landschaft ihren heutigen Namen Lausitz, was auf sorbisch Sumpflandschaft bedeutet. Bis heute hat die ethnische Minderheit der Lausitzer Serben, wie man sie früher nannte, weitgehend ihre eigene Kultur und Identität erhalten. Heute wird allgemein "Sorben" als Sammelbegriff für Menschen dieser Kultur verwendet.
Wir folgen der Spree in Richtung Süden und stoßen auf die "Hauptstadt" des Volkes: Cottbus – ein beschauliches Städtchen, das sich im äußersten Osten Deutschlands an die polnische Grenze quetscht. Mag sein, dass der Begriff Hauptstadt in eine falsche Assoziationsrichtung führt. Denn das sorbische Volk bildet unter den Einwohnern klar die Minderheit. Doch die Präsenz wird schon am Ortseingangsschild sichtbar. Wie auch in der Innenstadt ist die Beschriftung zweisprachig. Chóśebuz steht unter Cottbus und am Rathaus prangt neben der deutschen Beschriftung "Radnica" in goldenen Lettern. Unter dem Straßenschild Rathausgasse steht Radnocowa gasa. Den alten sorbischen Trachten und Bräuchen begegnet man noch auf Volksfesten und eher in ländlichen Gebieten. Wir haben den Plattenbaugürtel mit teils quietschbunten Mietskasernen durchquert und stoßen nun auf ein Örtchen mit hübsch renovierter, historischer Bebauung. Die Gründerzeitarchitektur zeugt vom einstigen Reichtum. Der kam mit der Industrialisierung im 19. Jahrhundert, als Großbetriebe, vor allem aus der Textilindustrie, entstanden. Bis in die DDR-Zeit war Cottbus ein wichtiger Industriestandort, stand für Kohle und Energie, für Möbel und Nahrungsmittel. Nach der Wende vollzog sich ein massiver Strukturwandel, die DDR-Produkte waren nicht weltmarktfähig. Heute ist die nicht ganz 100.000 Einwohner zählende Stadt ein Zentrum für Dienstleistungen, Verwaltung und Wissenschaft. Die Brandenburgische Technische Universität ist hier ansässig, und den Studenten und Dozenten sei Dank, dass sich um den Altmarkt, umbaut mit Bürgerhäusern im Barockstil, ein Ausgehviertel mit Kneipen, Bistros und Restaurants etabliert hat.

### Kochen auf der Mühleninsel
Ein phantastisches Relikt aus der Gründerzeit ist die Mühleninsel mit ihrer Bebauung. Die historische Wilhelmsmühle beherbergt heute eine der schönsten Kochschulen der Miele Tafelkünstlergruppe. Die "KOCHKULTUR" von Volker Hecht.
1836 wurde an diesem Ort eine Walkmühle für die Textilindustrie errichtet, angetrieben vom aufgestauten Wasser der Spree. 1876 flanschten die Besitzer noch eine Ölmühle an und ergänzten das Gebäude rund drei Jahrzehnte später mit Büroräumen und Wohnungen. Beim Ausbau orientierte sich der Architekt August Patzelt am benachbarten, im Stil der norddeutschen Backsteingotik errichteten Elektrizitätswerk. Ihm gelang ein Meisterwerk. Im Jahr 2003 wurde das Gebäude von Grund auf saniert. Der schöne Gebäudeschmuck, das Schaufachwerk und die Ziergiebel, das alte Spreewehr am Mühlengraben und das benachbarte E-Werk, heute ein Museum, sind Kleinoden inmitten eines kleinen Parks.
Der Charme von Hechts Kochschule rührt nicht allein von der Gebäudesubstanz. Die Symbiose mit dem Einrichtungshaus eines Freundes – ‚Der Einrichter' – trägt zur Einzigartigkeit bei. Stylisches Design durchmischt sich mit dem Esstisch und der Küche der KOCHKULTUR und umgekehrt. Die High-Tech-Geräte des Unternehmens Miele ergänzen perfekt das Ensemble von Kunst, Kunsthandwerk und modernen Möbeln.
Volker Hecht ist gebürtiger Cottbuser und hatte den Traum, Koch zu werden, mit diesem Beruf auf einem Schiff anzuheuern und um die Welt zu reisen. Doch das ließ sich in der DDR nicht so leicht verwirklichen. Immerhin wurde er Koch und absolvierte seine Ausbildung im seinerzeit ersten Haus am Platze, dem Hotel Lausitz. Zwei Jahre dauerte es in der deutschen demokratischen Republik, Koch zu werden. Mit dem Abschluss in der Tasche tingelte Hecht ein bisschen durch die Gastronomie und versuchte dabei "etwas Besonderes" zu kochen. So folgten erste Auseinandersetzungen mit der mediterranen Küche. Nach der Wende machte Hecht seinen Küchenmeister und eröffnete mit einer sizilianischen Familie das erste Ristorante in

Volker Hecht ist Küchenmeister und seit rund sieben Jahren Miele Tafelkünstler. Im März 2014 fanden sich kochbegeisterte Cottbuser zusammen und gründeten den "1. Cottbuser Männerkochclub". Volker Hecht wählten sie einstimmig zum Präsidenten.

# VOLKER HECHT

Cottbus. Und unser Chef begann zu reisen. Bis heute sind die Top-Restaurants der Welt sein Ziel und der mediterrane Raum seine Vorliebe. Lernen, sehen, fortbilden, was läuft woanders. Mitte der 1990er Jahre wechselte er den Beruf, zumindest teilweise. Er wurde Kochausbilder im Auftrag eines privaten Bildungsträgers für benachteiligte Jugendliche. Dort übernahm er schließlich das gesamte Resort Gastronomie und Dienstleistungen. Ganze 16 Jahre machte er das. Dann kam seine persönliche Wende, hervorgerufen von seiner Frau. Die schenkte ihm zum 50. Geburtstag zwei Kochkurse. Und wo? Klar, in Mediterranien. Einen in Barcelona und einen weiteren im Nordwesten Spaniens. Das war die Initialzündung. Ja, eine Kochschule, die wollte er auch aufmachen. Die erste in Cottbus, und gut und anspruchsvoll sollte sie sein. Eine neue Herausforderung, mit 50 Jahren noch einmal in die Selbständigkeit.

Vor sieben Jahren dann startete das Projekt. Volker Hecht klapperte auf der Berliner Funkausstellung alles ab, was an Küchenherstellern zu finden war. Nur bei Miele erkannten die Manager die strategisch optimale Position für eine Kochschule. Im Knotenpunkt zwischen Berlin und Dresden. Gesagt, getan. Die ersten Gespräche waren im September und schon im folgenden Jahr, genauer im März, fand der erste Kochkurs als Miele Tafelkünstler statt. Seither hat "Kochkultur" zweistellige Zuwachsraten.

### Lernziel: Begeisterung und Freude

Was Volker Hecht an seinem "neuen" Beruf als Kursleiter gefällt, ist der gesellschaftliche Aspekt. Einander völlig fremde Menschen kommen zusammen und trennen sich oft am Ende des Abends als Freunde. Das gemeinsame Kochen verbindet und vereint – denn alle kommen mit dem gleichen Ansinnen zum Kurs: ein bisschen was kochen, ein bisschen was lernen und gut essen. "Ich möchte die Menschen inspirieren, sie sollen neue Ideen mit nach Hause nehmen. Und das Gelernte nachkochen", erklärt Hecht. Kernziel ist dabei auch, eine Bereitschaft zu implantieren, für gutes Essen und gute Produkte mehr Geld auszugeben. Ganzheitliche Qualität vermitteln. In Cottbus ist das Erfahren einer solchen Qualität ein durchaus neuer Aspekt, denn der Gast konnte das in der umgebenden Gastronomie nie wirklich erleben. Zur Umsetzung dieser Ziele gehören zum einen die Technik – innovative Miele Geräte – und zum anderen das gute Lebensmittel. Und da hat die Region viel zu bieten. Aus dem Spreewald kommen Zander, Hecht und Karpfen. Die weiten Wälder sind reich an Wild und die Äcker liefern gute Beten, Schwarzwurzeln und Rüben. Auf den Weiden grasen Bio-Gänse, Kräuterschweine und Wiesenkälber. "Kochen ist bei mir nicht kompliziert. Die Geheimnisse guter Kochkunst bestehen aus einem guten handwerklichen Können, frischen und besten regionalen Zutaten sowie einer gesunden Mischung aus Kreativität und sorgsamen Umgang mit den Rohstoffen", so Volker Hecht abschließend.

Maximal zwölf Gäste nehmen an seinen Kursen teil. Es sind Privatleute und Firmen, die motivierende Events buchen. Alle Kurse leitet der Chef selbst, nur unterstützt von einer studentischen Hilfskraft. Die Themen: regionale Küche, Sushi, Tapas, Thai und natürlich die mediterrane Küche.

*www.kochkultur-cottbus.de*

## MIELE TAFELKÜNSTLER

**Kochschule Kochkultur**
Uferstr. 1
03046 Cottbus
www.kochkultur-cottbus.de

**LukullusT**
Harkortstr. 3
04107 Leipzig
www.lukullust-leipzig.de

**Kochschule Berlin**
Karl-Marx-Allee 62
10243 Berlin
www.kochschule-berlin.de

**Das Event-Kochstudio im Sirius Gewerbepark**
Gartenfelder Str. 29–37
13599 Berlin
www.das-event-kochstudio.de

**Kochschule Cookeria**
Haeselerstr. 28
14050 Berlin
www.cookeria.de

**Weinhandel und Kochschule Krömer**
Goethestr. 87
19053 Schwerin
www.kroemer-schwerin.de

**Kochschule an Bord der MS Europa 2**
Hapag-Lloyd Kreuzfahrten GmbH
Ballindamm 25
20095 Hamburg
www.hlkf.de

**KEV'S KITCHEN GmbH**
Pelzerstr. 13
20095 Hamburg
www.kevskitchen.de

**Cucina Cornelia Poletto**
Goernestr. 7
20249 Hamburg
www.cornelia-poletto.de

**Koch Kontor**
Karolinenstr. 27
20357 Hamburg
www.koch-kontor.de

**VLET Speicherstadt Gastronomie GmbH**
Am Sandtorkai 23/24
20457 Hamburg
www.vlet.de

**La Cocina Hamburg**
Ludwig-Erhard-Str. 37
20459 Hamburg
www.lacocina.de

**Kochschule Hamburg**
Beim alten Gaswerk 1
22761 Hamburg
www.kochschule-hamburg.de

**Henssler Events GmbH**
Blücherstr. 11
22767 Hamburg
www.hensslerskueche.de

**Kochschule Treibgut**
Düsternbrooker Weg 46
24105 Kiel
www.halle400.de

**Kochschule Kost-Bar**
Langestr. 17
24306 Plön
www.kochschule-kostbar.de

**Landpartie Rosenduft & Kochlust**
Glasholz 1
24364 Holzdorf
www.rosenduftundkochlust.de

**Kochschulen Neumünster**
Plöner Str. 78
24534 Neumünster
www.kochschule-neumuenster.de

**Ess Klasse GmbH**
Doventorstr. 9
28195 Bremen
www.essklasse-bremen.de

**Kochschule Bremen**
Speicher 1, Konsul-Smidt-Str. 8j
28217 Bremen
www.kochschule-bremen.de

**La Cocina Hannover**
Königstr. 51
30175 Hannover
www.lacocina.de

**Kochschule Hannover**
Charlottenstr. 42
30449 Hannover
www.kochschule-hannover.de

**Gasthof "Vehlen"**
Bückeburger Str. 22
31683 Obernkirchen
www.gasthof-vehlen.de

**Genuss-Werkstatt im Parkhotel Gütersloh**
Kirchstr. 27
33330 Gütersloh
www.parkhotel-gt.de

**Kloster Kochschule**
Klosterhof 2–3
33428 Harsewinkel-Marienfeld
www.klosterpforte.de

**Patrick Speck Kochevents**
Sienstr. 2
33428 Harsewinkel-Marienfeld
www.kreativerkochen.de

**Kochstudio Andreas Pöschel**
Beckhausstr. 1
33611 Bielefeld
www.dermeisterkoch.de

**Stern's Kochwerkstatt**
Linggplatz 11
36251 Bad Hersfeld
www.sterns-kochwerkstatt.de

**Winzerküche**
Hedwig-Kohn-Weg 12
38116 Braunschweig
www.winzerkueche.de

**Frank Petzchen Kochevents**
Steinstr. 23
40210 Düsseldorf
www.frankpetzchenkochevents.de

**Kochschule Düsseldorf**
Immermannstr. 50
40210 Düsseldorf
www.kochschule-duesseldorf.de

**Kochschule Genusskunst GmbH**
Kohlgarten 11
42275 Wuppertal
www.genusskunst.de

**Kochschule im Schloss Schellenberg**
Renteilichtung 1
45134 Essen
www.kochschuleessen.de

**Food & Flavour**
Max-Keith-Str. 66 a
45136 Essen
www.food-flavour.de

**Kochwerkstatt Ruhrgebiet**
Hochstr. 9
45699 Herten
www.kochwerkstatt-ruhrgebiet.de

**Koch- und Geschmacksschule im la vie**
Krahnstr. 1–2
49074 Osnabrück
www.restaurant-lavie.de

**Kochbühne Osnabrück**
Strügelheide 2
49143 Bissendorf
www.kochbühne.de

**Kochschule Köln Kerpen**
Karl-Ferdinand-Braun Str. 27
50170 Kerpen-Sindorf
www.kochschule-koeln.de

**Perfect Meat Academy**
Boos-Fremery-Str. 62
52525 Heinsberg
www.otto-gourmet.de

**Feinkost Kulinaris**
Klostergut Besselich 3
56182 Urbar
www.feinkost-kulinaris.de

**perfectday Genuss Schule**
Waldorfer Höfe 10
56299 Ochtendung
www.perfectday-mittelrhein.de

**Moselschlößchen**
Neue Rathausstr. 12–16
56841 Traben-Trarbach
www.moselschloesschen.de

**Koch Treff**
Hauptstr. 110
59846 Sundern
www.kochtreff-sundern.de

**Lifestyle Werkstatt**
Kirchgasse 18
64546 Mörfelden-Walldorf
www.lifestyle-werkstatt.de

**1. Mannheimer Kochschule**
C1, 16
68159 Mannheim
www.mannheimerkochschule.de

**Der Zauberlehrling**
Rosenstr. 38
70182 Stuttgart
www.zauberlehrling.de

**Kochschule Apfelgut**
Neunthausen 45
72172 Sulz-Hopfau
www.apfelgut.de

**Cooking Concept**
Lindenstr. 31–33
72764 Reutlingen
www.cookingconcept.de

**Scheck-In Kochfabrik**
Fautenbacher Str. 25
77855 Achern
www.scheck-in-kochfabrik.de

**Poidl – Feine Kost am Dorfbach**
Frabertshamer Str. 1
83123 Amerang
www.feinkost.by

**BavarResi GmbH**
Ledererstr. 11
85276 Pfaffenhofen
www.salz-pfeffer-tafelkuenstler.de

**Backakademie Schirmaier Huber**
Egmatinger Str. 7
85667 Oberframmern
www.konditorenweltmeisterin.de

**Burkhards Landgenuss**
Klaus-Conrad-Str. 2 a
92533 Wernberg
www.burkhards-landgenuss.de

**Kochschule Alexander Herrmann**
Marktplatz 2
95339 Wirsberg
www.alexander-herrmann.de

**Kocherlebnis Moser**
Sandäcker 2
97076 Würzburg
www.kocherlebnis-moser.de

 www.miele.de

# SKREI

**SCHMANDGURKE / GELBE BETE / ROTE-BETE-GRAUPENKAVIAR / MEERRETTICHLUFT**

**VOLKER HECHT**

**Skrei:** 500 g Skreifilet mit Haut • 10 g Rauchsalz • 50 ml Haselnussöl (Antoniewicz) • etwas Tempuramehl • Meersalzflocken • Butter • **Meerrettichluft:** 100 ml Apfelsaft • 100 ml Gemüsefond • 10 ml Weißweinessig • 1 Prise Salz • 1 Prise Zucker • 75 g Meerrettich, frisch gerieben • 2 g Wasabi-Paste • 100 ml Sahne • 75 g Basic Textur • **Schmandgurke:** 1/2 grüne Gurke • 50 g Schmand • Zitrone • Salz • **Gelbe Bete:** 300 g Gelbe Bete • 75 ml reduzierter Geflügelfond • Meersalzflocken • Butter • **Rote-Bete-Graupenkaviar:** 1/2 Schalotte, fein gewürfelt • Olivenöl • 100 g Perlgraupen • 75 ml Weißwein • 200 ml Rote-Bete-Saft • 100 ml Gemüsefond • Gewürzmischung Nordic Flair (Wiberg)

**Skrei:** Aus dem Filet vier gleichmäßige Portionstücke schneiden und mit Rauchsalz, Haselnussöl und etwas flüssiger Butter ca. 4 Stunden im Vakuum marinieren. Anschließend bei 48° C für 15 Minuten garen. Die Hautseite kurz mit Tempuramehl bestäuben und auf der Hautseite kross braten, kurz wenden und anrichten.

**Meerrettichluft:** Apfelsaft mit Gemüsefond, Essig, Salz und Zucker auf ein Drittel reduzieren. Meerrettich und Wasabi zugeben, mit Sahne auffüllen und ohne weitere Hitze ziehen lassen. Textur untermengen und durch ein Sieb in eine iSi-Flasche füllen. Mit zwei Patronen bestücken.

**Schmandgurke:** Gurke entkernen und in feine Würfel schneiden, mit Salz und Zitrone marinieren. Kurz vor dem Servieren mit Schmand erhitzen.

**Gelbe Bete:** Die Bete schälen und bei 85° C im Vakuumbeutel mit Geflügelfond, Butter und etwas Salz ca. 75–90 Minuten garen.

**Rote-Bete-Graupenkaviar:** Schalottenwürfel in etwas Olivenöl anschwitzen, Perlgraupen zugeben und mit Weißwein ablöschen. Anschließend nach und nach Rote-Bete-Saft und Gemüsefond zugeben, bis die Graupen ausgequollen sind. Mit Nordic Flair würzen. Vor dem Servieren mit etwas Olivenöl abglänzen.

# WILDSCHWEIN-OSSOBUCO & PICATTA VOM REH
## ROTKOHL-MILLE-FEUILLE / LAUGENKNÖDEL / PORTWEINZWIEBELN

**VOLKER HECHT**

**Wildschwein-Ossobuco:** 4 kleine Wildschwein-Vorderhaxen (ca. 0,6 kg) • Wildgewürzmischung (Wiberg) • 400 ml Wildfond • Butterschmalz • **Picatta vom Reh:** 200 g Rehrückenfilet, komplett geputzt • Ei • Pankomehl • geriebener Parmesan • Petersilie, klein geschnitten • Butterschmalz • **Portweinzwiebeln:** 1 Glas Perlzwiebeln • 75 g Zucker • 250 ml Portwein • Butter • **Rotkohl-Mille-Feuille:** Rotkohlblätter • Brickteig • Butter • Quittensirup • Salz • Lemon Curd • **Laugenknödel:** 1/2 Schalotte, gewürfelt • Butter • 150 g Weißbrotwürfel • 100 g Laugengebäck, gewürfelt • etwas Mich • 2 Eier • Petersilie • Salz • Muskatblüte

**Wildschwein-Ossobuco:** Die Haxen rundherum anbraten, anschließend würzen und mit 100 ml Wildfond vakuumieren; bei 65° C für 36 Stunden garen. Danach den Fond der Haxen mit dem restlichen Wildfond auf die Hälfte reduzieren.

**Picatta vom Reh:** Portionierte Rehschnitzelchen panieren; dafür durch das Ei ziehen und im Gemisch aus Pankomehl, Parmesan und Petersilie wenden. Vor dem Servieren in Butterschmalz goldbraun braten.

**Portweinzwiebeln:** Zucker karamellisieren, die abgetropften Perlzwiebeln und Butter zugeben, mit Portwein ablöschen und langsam sirupartig einkochen.

**Rotkohl-Mille-Feuille:** Rotkohlblätter und Brickteig in gleiche Formstücke schneiden (rund oder quadratisch). Abwechselnd übereinander legen und mit Quittensirup, Salz und Lemon Curd vakuumieren. Bei 85° C für 2 Stunden garen.

**Laugenknödel:** Schalottenwürfel in Butter anschwitzen, vom Herd nehmen und Milch und Eier untermengen. Brotwürfel mit Petersilie und der flüssigen Masse vorsichtig vermengen (nicht kneten), mit Salz und Muskatblüte würzen. In Klarsichtfolie einrollen und anschließend in Alufolie fixieren. Bei 100° C ca. 30 Minuten dämpfen.

# QUARKSTRUDEL
## QUITTEN-MANGO-RAGOUT / GEWÜRZBROT

**VOLKER HECHT**

**Quarkstrudel:** 40 g weiche Butter • 80 g Puderzucker • Zitronia Sun Zubereitung (Wiberg) • 100 g Eier • 125 g Mie de pain • 380 g Magerquark • **Quitten-Mango-Ragout:** 200 g Quitte, fein gewürfelt • Zitronensaft • Zucker • 100 g Mangofruchtfleisch, püriert • **Zwetschgensorbet:** 300 g Zwetschgen (ggf. tiefgekühlt) • 150 g Zucker • 200 ml Rotwein • 10 ml Rum • 1 Vanillestange • 1 Zimtstange • 1 Sternanis • 1/2 Zitrone • 1 EL Butter • 2 EL Basic Textur • **Gewürzbrot:** 50 g Butter • 200 g Südtiroler Schüttelbrotbrösel • 20 g brauner Zucker • Lebkuchengewürz (Wiberg) • Bourbon Vanille, gemahlen (Wiberg) • Himbeerkrokant (Zucker, Himbeersaft, Butter)

**Quarkstrudel:** die Butter mit dem Puderzucker und Zitronia Sun cremig rühren. Nach und nach die Eier unterrühren, Mie de pain sowie den leicht ausgedrückten Topfen unterheben und glatt rühren. Zugedeckt ca. 20 Minuten kühl stellen. Auf einer Klarsichtfolie die Topfenmasse ca. 1,5 cm dick aufstreichen, dann wie eine Roulade einrollen, nochmals in Alufolie einwickeln und in Wasser garen.

**Quitten-Mango-Ragout:** Quittenwürfel ca. 15 Minuten dämpfen (Saft auffangen) und anschließend mit Zucker und Zitrone abschmecken. Mit der Hälfte des Saftes vermengen. Die andere Hälfte des Quittensaftes mit dem Mangopüree vermengen und kalt stellen.

**Zwetschgensorbet:** Zwetschgen waschen, halbieren und entsteinen. Zucker in einem heißen Topf karamellisieren, Zwetschgen hineingeben, mit dem Rotwein und dem Rum ablöschen die Zimtstange und Vanillemark hineingeben und für ca. 8 Minuten leicht köcheln lassen. Wenn sich der karamellisierte Zucker aufgelöst hat, mit der Butter und Basic Textur pürieren. Mit Zitronensaft und evtl. Zucker abschmecken. Kalt stellen.

**Gewürzbrot:** Butter zerlassen und die Schüttelbrotbrösel darin goldbraun braten. Zucker, Lebkuchengewürz sowie Bourbon Vanille zugeben, abkühlen lassen und zerkleinerten Himbeerkrokant untermengen.

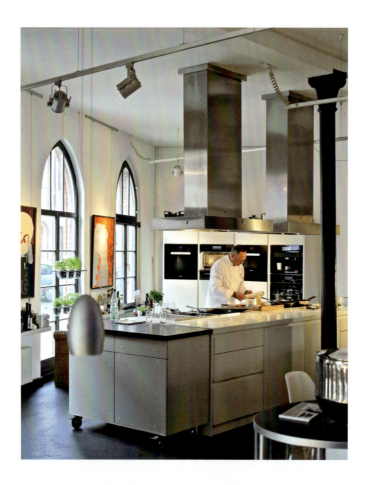

K WIE...
# KAPITALISMUS VS. KULINARIK
### RALF BOS – DAS NEUE KULINARISCHE ALPHABET.

Ralf Bos
Produkt-Scout der Top-Gastronomie, Delikatessenhändler und bekannt aus zahlreichen kulinarischen TV-Sendungen.

DER LETZTE MOHIKANER

Die gehobene Gastronomie lebt seit vielen Generationen von der Tatsache, dass man in einem guten Restaurant besser und schmackhafter essen kann, als es bei den meisten Menschen zuhause möglich ist. Die Gründe dafür sind vielfältig. Natürlich spielt die Kochkunst eine große Rolle. Professionell ausgebildete Köche mit Berufserfahrung und Routine treffen den Garpunkt besser und kennen sich mit Temperaturen und Gewürzen natürlich besser aus als eine Hausfrau oder ein Hobbykoch. Auch die Vielfalt der Speisen spielt hier eine Rolle. Während in der privaten Küche in der Regel nicht mehr als zwanzig verschiedene Gerichte immer und immer wieder zubereitet werden, und das oft ein Leben lang, sind in der gehobenen Gastronomie eine Vielzahl von Gerichten auf der Speisenkarte zu finden und diese können mit einer Vielzahl von Anbietern multipliziert werden, so dass man in Ballungsgebieten Zugriff auf eine fast unendliche Auswahl hat. Die Kernbotschaft, die in der Behauptung steckt, dass man in der gehobenen Gastronomie besser essen kann, wurde jedoch schon vor vielen Jahrzehnten von den größten Fachleuten der Zunft in einem kurzen Satz auf den Punkt gebracht: "Der Star in der Küche ist das Produkt!"

Es ist nicht der Koch, der das Restaurant füllt, es ist das Erlebnis auf dem Teller. Selbst dem einfachsten Geist wird in Windeseile klar, dass man aus einem üblen Produkt, selbst mit dem höchsten Maß an Kochkunst kein überragendes Essen kochen kann.

Dieser Logik folgend gab es in unseren Breiten immer schon ein zweigeteiltes Produktangebot. Den geangelten Steinbutt, die Langusten und das hochwertige Fleisch wurden genau wie die Trüffel, die Artischocke und die Flugmango ausschließlich an die Gastronomie verkauft. Das Turbo-Mastschwein, der Rotbarsch und die Produkte der Lebensmittelindustrie wanderten hingegen in die Supermärkte. Es war für den Ottonormalverbraucher deswegen schon rein aus dem Mangel am guten Produkt überhaupt nicht möglich, in der gleichen kulinarischen Liga zu kochen wie das ambitionierte Restaurant. Diese Tatsache hatte zur Folge, dass, begleitet von übertriebener Sparsamkeit, das Industrieprodukt fast ungestört Einzug in die Regale und Verkaufsflächen der Supermärkte halten konnte. Diese Industrieprodukte hatten und haben einen unglaublichen Vorteil gegenüber handwerklich hergestellten Produkten: Sie haben vordergründig eine unglaubliche Geschmacksdichte. Diese Geschmacksdichte wird in fast allen Fällen durch vier Hauptkomponenten erreicht: Fett, Zucker, Salz und Glutamat. Alle diese Stoffe sind auf der einen Seite sehr starke Geschmacksverstärker, auf der anderen Seite sind sie unglaublich preiswert. Die Logik lässt darauf schließen, dass man aus einer Mischung, die viel Zucker und Fett enthält, eine sehr billige, aber äußerst aromatische Speise erzeugen kann. Genau das ist passiert. Die meisten Speisen die industriell hergestellt werden, sind fett und süß, fett und salzig oder fett und vollmundig durch die Glutamate, die genau dieses Gefühl vorgaukeln. Unterstrichen wird das Ganze noch durch den Einsatz von künstlichen Aromen, deren Intensität oft tausendmal stärker ist, als der Geschmack des Originals.

All das folgte natürlich den menschlichen Grundbedürfnissen und konnte aufgrund des supergünstigen Preises für Fett, Zucker, Salz und Aroma für ganz kleines Geld produziert werden. Das fertige Industrieprodukt war im Verhältnis zu handwerklich hergestellten Produkten, die auf übermäßig viel Fett, Zucker, Salz und Aromen verzichteten und "nur" den Geschmack des Originals wirken ließen, so billig, dass es über die Jahrzehnte diese komplett aus dem Endverbrauchermarkt verdrängte. Heute werden 85 Prozent der gehandelten Lebensmittel von nur fünf überregionalen Händlern verkauft. Die restlichen 15 Prozent teilen sich die Wochenmärkte, kleine Händler, Bäckereien, Metzgereien, Biomärkte und kleine Supermarktketten. Neben den Billigpreisen der Industrieprodukte spielt auch die Tatsache, dass nur industrielle Hersteller sich teure Werbung wie Fernsehspots, Radio- oder Printwerbung leisten können, eine große Rolle. Das wiederum führt natürlich zu erhöhten Absatzzahlen. Die Konstellation von nur fünf großen Anbietern und den Werbebudgets endete in der traurigen Tatsache, dass in den Märkten dieser fünf Ketten fast nur noch Industrieprodukte zu kaufen sind. Manufakturprodukte sind in der Regel hochwertiger und schmecken ehrlicher, da auf künstliche Aromen meist verzichtet wird. Wenn man sich die Mühe macht und die niedrigen Instinkte, die einen nach fett und süß oder fett und salzig lüstern lässt, mal ein wenig hinterfragt und den Geschmack der Industrieprodukte einmal wirklich analysiert, wird man zu dem Schluss kommen, dass diese Produkte nur süß, fett und künstlich schmecken. Umso länger man sich damit auseinander setzt, umso mehr kommt man zu dem Schluss, dass handwerklich hergestellte Produkte abwechslungsreicher, aromatischer, ehrlicher und einfach besser schmecken.

Leider machen sich in diesem Land nicht viele Menschen Gedanken darüber. Getrieben vom billigen Preis und gesteuert durch manipulative Werbung greifen wir ohne nachzudenken willig zum Industrieprodukt. Was jedoch viel schlimmer ist als der reine Konsum, ist die traurige Situation, dass wir diese Industrieprodukte zum Standard für gute Qualität erklären. Hier ein Beispiel: Nehmen Sie Ihre Nussnougatcreme aus dem Regal und schauen sie sich das Rückenetikett an. Sie werden sehr schnell feststellen, dass das Produkt zu fast zwei Dritteln aus Zucker und zu fast einem Drittel aus Palmfett besteht. Dazwischen passt noch ein wenig Magermilchpulver, fettarmer Kakao und Haselnusspulver. Abgesehen davon, dass Palmfett eh indiskutabel ist, und dass es sich bei den Haselnüssen nicht um die hochqualitativen des Piemont, sondern um die preiswertesten dieses Planeten aus der Türkei handelt, die auch qualitativ als die schlechtesten gelten, ist dieses Produkt unschlagbar billig in der Herstellung. Sollte man sich jetzt die Mühe machen und eine Nussnougatcreme produzieren, bei der alles genau richtig gemacht wurde. Die feinsten Ingredienzen und eine Rezeptur, die vom besten Drei-Sterne-Koch entwickelt wurde. Es würde sicher ein himmlisches Produkt dabei rauskommen, welches den geneigten Feinschmeckern ein Strahlen aufs Gesicht zaubern würde. Ich bin jedoch genauso sicher, dass der Ottonormalverbraucher dieses Produkt nicht annehmen würde, auch wenn es zum selben Preis angeboten werden würde, wie das des Marktführers. Der Grund ist einfach; in den letzten fünf Jahrzehnten hat man sich an den Geschmack des Marktführers gewöhnt und automatisch werden alle anderen Produkte mit diesem verglichen und alles, was nicht so schmeckt wie der Marktführer, ist automatisch auch nicht so gut wie dieser. Das ist eine recht katastrophale Entwicklung und es macht auch keinen Sinn darüber nachzudenken, ob man das ändern kann. Diese Tatsache ist mittlerweile dermaßen manifestiert, dass sie auch weiterhin Bestand haben wird.

Viel erschreckender ist jedoch das, was auf uns zukommt. Hierzu muss man wissen, dass multinationale Konzerne nicht mehr von Kaufleuten geleitet werden, sondern von Strategen. Alle großen Handelsorganisationen und alle großen industriellen Hersteller sind oder gehören diesen Konzernen. In den Führungsetagen dieser Konzerne geht es auf keinen Fall darum, dass man Lebensmittel liebt oder dass man für ein besseres Leben sorgen möchte. Es geht einzig und allein um Umsatz und Gewinn und wie man diesen steigert. Welche Ideen diese Strategen aushecken, um ihre Ziele zu erreichen, ist für unsereins unvorstellbar, aber leider traurige Wahrheit.

Hier die traurige Wahrheit: Die kleinste Produktionseinheit in der Industrie ist eine sortenreine Palette. Das wichtigste Kriterium dieser Ware ist die Sicherheit und Reproduzierbarkeit. Geschmack, Haptik und Produktqualität spielen hier eine sekundäre Rolle. Um diese hohe Sicherheit in der Reproduzierbarkeit zu erreichen, werden jedem Artikel eine Unmenge von Daten hinterlegt. Dazu gehören neben den gesetzlich vorgeschrieben Daten wie den Nährwerten, Allergenen und der Liste der Inhaltsstoffe noch weit mehr als einhundert technische Daten, die einzig und allein den Sinn haben, künftige Chargen bis auf die kleinste Kleinigkeit exakt so zu produzieren wie die Produktionen davor.

Wir wissen, dass an der Spitze der multinationalen Konzerne Strategen sitzen. Strategen, die Strategien entwickeln, auf die ein normaler Mensch nicht mal in seinen wildesten Phantasien kommen kann. Die Grundversion dieser perversen Strategie sieht so aus: "Wir haben hinter jedem Produkt, welches wir produzieren eine Menge von 200 verschiedenen Informationen hinterlegt, die nur für die industrielle Fertigung notwendig und nützlich sind. Was wäre, wenn wir den Gesetzgeber dazu bringen würden, dass jeder Mensch und jede Firma, die Lebensmittel produzieren, dieselben Daten vorweisen muss?" Richtig. Kleinere Firmen und Manufakturen können diese Unmengen an Daten nicht ermitteln, weil der analytische Aufwand in keiner Relation zur produzierten Menge stände. Die Beschaffungskosten und die Verkaufsmengen stehen da im krassen Widerspruch. Die Analyse- und Erstellungskosten dieser Daten liegen pro Artikel bei etwa 200.000 Euro. Das nur um zu versinnbildlichen, was für ein Volumen produziert werden muss, bis sich solch eine Datenmenge rentiert. Wenn man es also schafft, ein Gesetz durchzubringen, dass all diese Daten zwingend vorschreibt, hat man mit einem Federstrich so ziemlich alle kleinen Produzenten und Manufakturen vom Markt gefegt. Das bedeutet, der lästige Wettbewerber, der den Kunden nahelegen könnte, dass es alles auch in lecker zu kaufen gibt, existiert nicht mehr, und der dadurch frei gewordene Umsatz würde in die Kassen der Industrie gespült werden. Zudem würde den Schreihälsen, die immer nach besserer Qualität krähen, das Maul gestopft.

Natürlich kann man ein solches Gesetz nicht durchsetzen, das wäre doch gegen den gesunden Menschenverstand. Kann man nicht? Dann schauen Sie sich doch die Gesetzesänderungen der letzten Jahre an. Was für eine Menge an Informationen auf der Rückseite der Lebensmittelverpackungen zu lesen ist gleicht heute fast dem Beipackzettel eines Medikaments. Inhaltsstoffe in absteigender Reihenfolge, Allergene, Nährwerttabelle, Herkunftsland, Chargen- oder Lotnummer, Mindesthaltbarkeitsdatum, Inhalt, Abtropfgewicht und Lagerhinweise. Hierzu kommen Regelungen, die für den normalen Menschenverstand nicht nachvollziehbar sind. 150 Gramm ist verboten, 150 g ist erlaubt. Mindest. haltbar bis... ist verboten, Mindestens haltbar bis... ist nicht nur erlaubt, sondern vorgeschrieben. Aber nicht bei allen Lebensmitteln. Bei manchen muss es Verfallsdatum heißen und bei wieder anderen muss diesbezüglich gar nichts drauf stehen. Die Schriftgröße muss der Größe der Verpackung entsprechen. Alle Vorschriften, die, jede für sich gesprochen, einer gewissen Logik und Sinnhaftigkeit nicht entbehren, in der Praxis jedoch weltfremd und in fast allen Fällen nur durch Industrieproduzenten machbar sind. Nehmen wir ein Beispiel: Pinienkerne haben einen Fettgehalt, der je nach Herkunft und Jahreszeit zwischen 20 und 40 Prozent schwankt. Das heißt, nicht nur jede Charge, nein, jede Packung hat einen anderen Fettgehalt. Der Gesetzgeber zwingt den Produzenten oder Importeur, den Fettgehalt auf die Schachtel zu schreiben. Industrieunternehmen machen einige Stichproben bei ihren riesigen Chargen und können bei einer Probe zumindest nachweisen, dass sie geprüft haben. Bei kleinen Mengen und Firmen wäre eine chargengenaue Analyse oft teurer als die Ware selber und das Ergebnis wäre dasselbe: ein Fettgehalt von 20–40 Prozent. Natürlich würde die Industrie gerne noch viel mehr Daten auf die Rückseiten der Verpackungen drucken lassen, denn sie wissen genau, je mehr drauf steht umso weniger wird gelesen. Und das ist für Industrieprodukte nur gut, da sie ja zum größten Teil aus Fett, Zucker, Salz, Konservierungsstoffen, Emulgatoren, Farbstoffen und Aromen bestehen, die man einfach benötigt, um fast ohne Wareneinsatz Lebensmittel zu kopieren. Und es ist natürlich am besten für die Industrie, wenn jeder Lebensmittelhersteller diese Daten bereitstellen muss, aber kein Kunde sie liest. Die Lobby der Industrie arbeitet wahrscheinlich mit Hochdruck daran, Politiker für weitere industriefreundliche und manufakturfeindliche Gesetzesänderungen zu gewinnen. Industriefreundlich ist zum Beispiel die Entscheidung, dass auf der Verpackung das Herkunftsland stehen muss. Nicht das Ursprungsland. Unsere Pinien, die in Pakistan gewachsen und verarbeitet wurden, aber in Deutschland verpackt wurden. Hört sich Herkunftsland Deutschland nicht irgendwie sicherer an als Herkunftsland Pakistan? Aber interessiert den Kunden das Land, in dem die Ware abgepackt wurde oder das Land in dem sie produziert wurde? Vielleicht wurde der Obstsalat auch in Frankreich produziert, der Hauptbestandteil ist Ananas aus Thailand und in Deutschland wird er mit pakistanischen Pinienkernen verfeinert und verpackt. Das sind Herausforderungen für die es keine Lösungen gibt, wenn man nicht einen Stab von Rechtsanwälten auf der Payroll hat.

Kommen wir zurück zu den Strategen, die sowohl die industriellen Produktionsfirmen als auch die multinationalen Handelskonzerne leiten. Von dem Gedanken, dass es bei den Produkten um Qualität, Geschmack oder Transparenz gehen könnte, haben wir uns schon lange verabschiedet. Es geht um Profit und möglichst um Prinzipien, wie wir sie von Handyverträgen, Energieversorgern oder Fitnesscentern kennen. Einmal unterschreiben, für immer bezahlen. Um diese Technik in einer Geschäftsgröße von mehreren hundert Milliarden Euro zu installieren, bedarf es einer ganz perversen Taktik, die schwer zu vermitteln ist. Ich versuche es trotzdem. Der Plan läuft in mehreren Stufen ab.

**Stufe 1.** Die Lobby der Industrieproduzenten bringt die Politik dazu, Unmengen von Daten, die nur die Industrie kostendeckend ermitteln kann, auf die Verpackungen zu drucken. Done.

**Stufe 2.** Die Lobby der Industrieproduzenten bringt die Politik dazu, dass auch jede Form des gewerblichen Handels, sei es Lebensmitteleinzelhandel, sei es Großhandel, sei es Internethandel, sei es Gastronomie, diese Daten vorweisen muss. Done.

**Stufe 3.** Da die Firmen selbstverständlich nicht alle mit denselben Warenwirtschaftssystemen arbeiten, hat man einen weltweiten industriellen Standard für den Datenaustausch geschaffen – "Dass einer des anderen Daten verstehe". Der bekannteste dieser Standards nennt sich 1WorldSync, und eigentlich ist 1WorldSync nichts anderes, als eine sehr komplexe Datenstruktur, die all diese Informationen in einem sogenannten GDSN (Global Data Synchronisation Network) speichert. Allein der Name aber zeigt, was das Ziel ist – "Eine Welt synchron" – alle sollen weltweit mit denselben einheitlichen Datenstrukturen arbeiten. Und wenn die Daten nicht passen … dann muss das Produkt halt passend gemacht werden. Damit ist 1WorldSync das Sinnbild dafür, wie ein weltweit normiertes Handeln nach den Vorstellungen der Industrie in Zukunft aussehen soll.
Done.

**Stufe 4.** Existiert erst einmal ein solch globaler Datenpool, so werden alle Beteiligten natürlich versuchen, Handelshäuser, Supermarktketten, Hotelkonzerne, Groß-Caterer, Schiffsversorger, Lebensmittelgroßhändler und Restaurantketten von deren Vorteilen zu überzeugen. Die Zauberworte in diesem Bereich sind SCM (Supply Chain Management) und eProcurment (computergestützte Beschaffung). Und wer heute massive Kosteneinsparungen verspricht, hat quasi schon gewonnen.

### Alles ganz einfach …

Nun müssen die Daten fließen. Die Idee klingt simpel und überzeugend – jede Instanz, von der Produktion über den Handel bis zum Verbraucher, gibt die Daten mit ggf. notwendigen Anpassungen an die nächste Instanz weiter und garantiert jeweils für deren Korrektheit. Ist doch alles prima – jeder hat alle Informationen, und auch die Deklaration des letzten Moleküls findet ihren Weg bis zum Verbraucher.

Die Crux von Computerprogrammen und Datenstrukturen ist jedoch – das wird Ihnen jeder Computerexperte bestätigen – dass darin oder damit nur abgebildet werden kann, was zuvor bedacht und berücksichtigt wurde. Das Neue, Unbekannte und Individuelle ist hier eher hinderlich.

### Die Kosteneinsparungen

Wenn alle Vorlieferanten alle Daten, wozu natürlich auch der Preis gehört, eingespielt haben, ist es für den Kunden natürlich ganz einfach für jeden Artikel den günstigsten Anbieter zu ermitteln. Kosteneinsparungen von 20–30 Prozent werden hier versprochen.

### Die Kostensicherheit

Die gleichzeitig verwendeten Rahmenverträge verpflichten den Vorlieferanten, Preiserhöhungen monatelang im Voraus anzukündigen. Das ist bei Lebensmitteln in der Praxis oft unmöglich, da diese anderen Gesetzen unterliegen als Schrauben oder Bücher. Bei Industrieprodukten ist dies jedoch etwas anders, da diese mit langfristigen Kontrakten arbeiten, was einem kleinen Produzenten nicht möglich ist. Tatsächlich hat auch dieser Schritt funktioniert.
Done.

**Stufe 5.** Jetzt schnappt die Falle zu. Die Kunden der Softwarefirmen haben für diese SCM- und eProcurement-Systeme mit Anbindung an das GDSN (Global Data Synchronisation Network) ein Heidengeld bezahlt. Wir reden hier schnell über sechsstellige Beträge. Entweder haben sie ihr Warenwirtschaftssystem erweitern lassen oder auf ganz neue Systeme umgestellt. Also informieren sie ihre Lieferanten, dass sie "leider" ausgelistet werden müssen, falls sie die benötigten Daten nicht bis zu einem bestimmten Zeitpunkt im GDSN zur Verfügung stellen. Rumms. Damit ist der Fall erledigt.

Alle Kunden, die sich auf dieses Spiel eingelassen haben sind jetzt – ohne es wirklich wahrzunehmen – in den Prozess der industriellen Warenflüsse (Supply Chains) eingebunden. Die datentechnisch lästigen Manufakturen bieten zwar oft bessere Produkte mit besserer Qualität, nur passen sie meist so gar nicht in diese Lieferketten mit ihrem Datenwust.

Jetzt denken Sie vielleicht, das wäre Phantasie oder eine Verschwörungstheorie. Weit gefehlt. Das ist eine reine Tatsache, die bereits umgesetzt wurde. Fast alle der multinationalen Handelshäuser benutzen bereits eine solche Software. 85 Prozent des Lebensmittelhandels für Endverbraucher liegen in der Hand von nur fünf dieser Handelsriesen. Die restlichen 15 Prozent werden wie gesagt über Wochenmärkte, Feinkostgeschäfte, Internetshops, kleine Supermärkte, Bäcker, Metzger und Biohändler abgewickelt. Es gibt aber noch den Lebensmittelhandel für gewerbliche Nutzer wie Restaurants, Kantinen und anderer Versorger.

Bitte glauben Sie nicht, dass dieser Handel von dem Industriekraken verschont geblieben ist. Die meisten Cash & Carry Märkte gehören zum Einkaufsverband Markant. Das ist ein Gigant mit über 100 Milliarden Euro Jahresumsatz. Die Markantgruppe hat sich die Software "1wordsinc" andrehen lassen (1wordsinc ist nur eine von vielen verschiedenen Softwares die sich die Industrie hat einfallen lassen) und alle Mitglieder der Markantgruppe, und das sind über einhundert Handelspartner mit vielen tausend Filialen müssen auch "1worldsinc" benutzen. Die Märkte haben sich nach und nach von ihren Manufakturlieferanten getrennt und die Lücken nach und nach mit Industrieprodukten aufgefüllt. Die Mitglieder der Markantgruppe beliefern fast 100 Prozent aller Kantinen und Versorger und 80 Prozent der restlichen Gastronomie. Die 20 Prozent der Gastronomen, die noch nicht in die Industriefalle getappt sind, sind die Gastronomen, die sich über ambitionierte Küche identifizieren. Diese Gastronomen müssen und möchten besser Kochen als die Hausfrau, der Hobbykoch und das Restaurant nebenan. Nur so lässt sich eine Daseinsberechtigung definieren. Nur das Erlebnis auf dem Teller schafft es, dass diese Art der gehobenen Gastronomie Abend für Abend und Tag für Tag aufs Neue besucht und gefüllt wird. Die Köche dieser Gastronomie haben schon immer gewusst, dass Kochkunst nur ein Teil ihrer Kunst ist und dass der unumstrittene Star dieser Küche das Produkt ist. Nur durch die Verarbeitung der besten Produkte können sie den Vorsprung, den sie sich erarbeitet haben, auch halten. Für diese qualitativ hochwertige Klientel gab es auch immer einen spezialisierten Großhandel, der sich auf diese Qualitätsprodukte konzentriert hat.

**Warum heißt dieser Bericht "der letzte Mohikaner"?**
Die Kraken der Industrie und die Arbeitsweise der multinationalen Handelsorganisationen sind sich nicht unähnlich. Während die Industrie ihre Mitbewerber jedoch einfach nur aushungert, müssen sich die Handelshäuser anderer Techniken bedienen. Das mit dem Aushungern haben sie ja schon erfolgreich hinter sich, was auch der Grund dafür ist, dass nur fünf Organisationen sich 85 Prozent des Lebensmitteleinzelhandelsumsatzes teilen. Um die letzten 15 Prozent und den etwas brach liegenden Lebensmittelhandel für professionelle Kunden auch noch zu übernehmen, mussten sie sich schon was einfallen lassen. Da diese Firmen über unglaubliche Kapitalreserven verfügen, war es das einfachste, den Wettbewerb einfach aufzukaufen. Die meisten der 100 Markantmitglieder sind durch die Markantgruppe recht gut geschützt, aber gerade die Gastronomiegroßhändler, die sich um die gehobene Gastronomie und damit gleichzeitig um die feinen, kleinen Manufakturen gekümmert haben, waren relativ ungeschützt. Da sie keiner großen Einkaufsgenossenschaft angehörten und deswegen auch keine supergünstigen Einkaufspreise für Industriewaren aushandeln konnten, mussten sie ihren Umsatz mit den wesentlich kostspieligeren Manufakturwaren generieren. Da der Handel jedoch gerade was Preise angeht sehr transparent ist, konnte man mit den wertvollen Produkten noch nie viel Geld verdienen. Die meisten dieser Firmen gehörten Idealisten und denen waren Produkt und Service immer wichtiger als der schnöde Mammon. Was zur Folge hatte, dass die Besitzverhältnisse in diesen Firmen schon immer wechselhaft waren. Schon kurze stürmische Zeiten konnten oft nicht aus dem Ersparten kompensiert werden. So ist es nicht erstaunlich, dass einer nach dem anderen von den multinationalen Großkonzernen aufgesaugt wurde. Heute ist das Spielfeld gesäubert. Alle Gastronomiegroßhändler gehören heute entweder zur Markantgruppe oder zu einer anderen multinationalen Handelsorganisation. 100 Prozent dieser neuen Besitzer benutzen eine der bereits mehrfach erwähnten GDSN und im Augenblick passiert gerade langsam und schleichend das, was bei den Cash & Carry Märkten bereits fast abgeschlossen ist. Manufakturprodukte werden nach und nach durch Industrieprodukte ersetzt.

**Und was ist mit dem Mohikaner?**
Es gibt natürlich, wie bei allem eine Ausnahme. Einen Gastronomielieferanten der landesweit, wenn nicht sogar europaweit arbeitet, und sich dennoch gegen die Krake der Industrie wehrt. Der immer noch – und vielleicht heute stärker denn je – die Fahne der Manufakturen hochhält und den festen Willen zum besseren Produkt beibehält. Der zudem noch so gut aufgestellt ist, dass selbst ein größerer Sturm ihn nicht aus der Verankerung reißen kann. Ein Idealist wie es auch seine Mitbewerber einst waren und trotzdem ein Kaufmann, der Standards gesetzt hat.

Ich halte mich, auch wenn es hier ein wenig arrogant klingt, für einen der letzten Mohikaner und meine Firma stellt die letzten unabhängigen Krieger, die dieses so unglaublich wichtige Marktsegment am Leben halten könnten.

Von den Endverbrauchern wissen wir, dass man sich nach einigen Jahren ohne Alternative an Industrieprodukte gewöhnen kann. Ohne wirkliche Alternative werden sich auch die Profiköche der ambitionierten Küche nach und nach an Industrieprodukte gewöhnen. Wenn es aber erst mal so weit ist, dann wird der wichtige Unterschied zwischen Hausfrau, Hobbykoch, Kantine und gehobener, ambitionierter Gastronomie immer geringer. Und da auch in der gehobenen Gastronomie meist Idealisten am Steuer sitzen, ist es mit der Verankerung bei stürmischen Zeiten eh nicht so gut bestellt. Ein genereller Rückgang der Kundschaft wäre ein Dolchstoß in die Brust dieser Branche. Man kann es also nicht oft genug wiederholen: Ein ambitionierter Gastronom muss den Kurzschluss mit den lokalen Manufakturen und dem überregionalen Premiumlieferanten schließen, um sich und seinen Kollegen eine Zukunft zu ermöglichen.

# GROSSE KUNST.
# OHNE ALLÜREN.

**Österreichs Weine** sind daheim im Herzen Europas, wo kontinentale Wärme mit kühler Nordluft tanzt. In diesem einzigartigen Klima wachsen edle Weine mit geschützter Ursprungsbezeichnung – zu erkennen an der rotweißroten Banderole auf der Kapsel und der staatlichen Prüfnummer auf dem Etikett.

österreichwein.at

**ÖSTERREICH** WEIN
Große Kunst. Ohne Allüren.

# KA-MEHL?
## WEIZENMEHL JENSEITS TYPE 405

"Haben wir auch Mehl, das beim Braten knusprig wird?", fragte meine thailändische Freundin Nam, als sie Miesmuschel-Pfannkuchen backen wollte. Ich gab ihr Weizenmehl und schlug vor, die Pfannkuchen nur ordentlich in der Pfanne auszubacken. Mit dem Ergebnis war sie überhaupt nicht zufrieden. Ich fragte sie, ob sie den Teig ordentlich gemacht hätte und erntete verächtliche Blicke. "Hast Du kein besseres Mehl?", setzte sie despektierlich nach. Und ob ich hatte – ging an den Küchenschrank und präsentierte Semola, doppelgriffiges Mehl und 00-Mehl. "Mehl, das heißt wie Hog-Nam?", fragte sie kopfschüttelnd. Beflissen ihr zu erklären, dass dies nichts mit einer Toilette zu tun habe, versuchte ich ihr die Vorzüge der Mehlsorten zu erklären – allein ich konnte es nicht wirklich. Ungeduldig nahm Nam ihr iPhone und los ging es: "Sawadii kah... kah, kah.... Paeng [Mehl]... kah...", usw. Irgendjemand aus ihrem Bekanntenkreis ist immer auf Heimatbesuch, und so dauerte es nur wenige Tage bis ich stolz eine Packung thailändisches Mehl mit den Worten "Da kannst Du Dein Mehl vergessen!", unter die Nase gehalten bekam. Tempung Campuran Tempura von der Firma GOGI. Dabei handelt es sich um Weizenmehl mit einem Anteil Tapiokamehl – genauer gesagt handelt es sich um geschmacksneutrale Tapiokastärke, die aus getrockneten Maniokwurzeln gewonnen wird.

Sie nahm einen Beutel gekochte Miesmuscheln aus dem Eisfach, ließ sie auftauen und in wenig Fischsauce marinieren, bereitete einen klassischen Pfannkuchenteig mit ihrem besonderen Mehl, gab die Miesmuscheln mit heißem Rapsöl in die Pfanne, ließ sie unter Wenden kurz anbraten und goss den Pfannkuchenteig darüber. Nach dem Wenden wurde er auf den Teller gegeben und frisches Asia-Koriandergrün darüber gestreut. Einige Sojasprossen – in der Pfanne kurz angeschwitzt, um den bitteren Geschmack zu neutralisieren – rundeten das Gericht ab. Als Sauce mischte sie zwei Drittel Thai Sweet Chili Sauce mit einem Drittel Chilisauce.

Wenigstens einmal im Monat gab es in meiner Kindheit Apfelpfannkuchen und bei den Urlauben in Österreich durfte Palatschinken oder Kaiserschmarrn bei keinem Essen fehlen, sodass ich wohl auf eine gewisse Erfahrung mit Pfannkuchen zurückblicken kann. Doch das Ergebnis mit der Weizen-Tapioka-Mischung stellte alles mir Bekannte an Knusprigkeit in den Schatten. Innen war der Pfannkuchen gewohnt weich und locker, doch die knusprige Kruste war dicker – anders gesagt – reichte tiefer.

Wissend, nach was sie suchen musste, fand meine Freundin Nam das Mehl auch im hiesigen Asia-Handel. Man könnte aber auch einfach etwas Tapiokastärke (7 %) unter normales Weizenmehl (93 %) mischen und es für andere Speisen verwenden.

Grund genug sich mal mit den anderen Mehlsorten zu befassen, die für italienische und österreichische Mehlspeisen unabdingbar sind. 00-Mehl oder "Farina Tipo 00", hat einen geringen Anteil an Proteinen sowie einen hohen an Gluten und ist somit optimal für Pizza und andere italienische Backwaren. In Italien weiß man, dass man Teig mit diesem Mehl möglichst über Nacht ruhen lässt.

# Evert Kornmayers
# Kulinarische Exkursion

Semola, auch "Grano duro" oder "Semola di Grana duro", ist grob gemahlenes Hartweizenmehl. Es ist in Italien seit der Antike bekannt und stammt vermutlich von der Weizenart Emmer ab, auch Zweikorn genannt. Wegen seines hohen Anteils an Eiweiß hat es besonders gute Klebeeigenschaften und ist somit ideal für Pasta- und Pizzateige.

Nina Thomas (Hessen à la carte, Ninas Kochlust) hat vor einigen Jahren einen Pizzaofen aus Italien, nebst einem erstklassigen Rezept für Pizzateig mitgebracht, in dem die beiden Sorten Semola und Tipo 00 gemischt werden. Wir haben den Ofen gleich ausprobiert und auch als nicht geübter Pizzabäcker kann man mit dem nachfolgenden Rezept so manchen echten Pizzaiolo beeindrucken. Nina hat diese Pizza-Extrem-Party gefilmt und online gestellt (siehe Quellenangabe). Dort sieht man, wie gut dieser Teig funktioniert und auch, dass wir was das Pizzabacken angeht, von den Profis noch viel lernen können – und nicht nur, bei der Zubereitung weniger zu trinken...

Pizzateig: 500 g Semola di Grano duro • 500 g Farina Tipo 00 • Hefe für 500 g Mehl • 2 TL Zucker • Salz • 2 EL Schweineschmalz • Olivenöl • etwa 500 ml lauwarmes Wasser
Mehl in die Küchenmaschine geben. Hefe mit etwas lauwarmem Wasser und Zucker anrühren und mit einem Schwung auf das Mehl schütten. 10 Minuten stehen lassen, bis die ersten Bläschen entstehen. Schweineschmalz schmelzen (wer keinen Schweineschmalz möchte, nimmt etwas mehr Olivenöl). Küchenmaschine auf kleiner Stufe kneten lassen. Schweineschmalz zusammen mit einem ordentlichen Schuss Olivenöl und dem Salz zum Mehl geben. Dann nach und nach Wasser dazugeben – soviel, wie der Teig aufnehmen kann, um eine formfeste Masse zu ergeben, die sich vom Rand löst. Dann noch 10 Minuten auf höherer Stufe kneten. Abgedeckt mindestens 2 Stunden gehen lassen. Etwa 16 gleichgroße Kugeln formen und abgedeckt kühl stellen.

Doppelgriffiges Mehl (auch Dunstmehl) enthält mehr grobes Mehl als griffiges Mehl oder normales (glattes) Mehl – welches oft mehr als zehnmal gemahlen wird (Ausmahlungsgrad). Es fühlt sich etwas feiner als Grieß an, ist aber kein Grieß. Es quillt besser, warum man es für Waffeln, Knödel, Klöße und Eiernudeln verwendet, um sie "kerniger" schmecken zu lassen. In Österreich paniert man auch schon mal ein Schnitzel damit. Es lohnt sich also, die ein oder andere Mehlsorte im Küchenschrank zu horten, nicht nur um der Frage "Hast Du kein Mehl?" zu entrinnen. Oder wie es der Bayer fragt: "Warum haben die Araber ka Brot? Weils KA MEL ham."

Quelle: http://ninas-kochlust.de/pizza-party

Evert Kornmayer

Fotos: Evert Kornmayer

## EVENTLOCATION FÜR KOCHKURSE UND PRODUKTPRÄSENTATIONEN.

Das **Centre Port Culinaire**, angedockt an den Heimathafen der Edition Port Culinaire in der Werderstraße 21 in Köln, hat das Ziel, Profi- und Hobbyköche in Seminaren und Kursen zu schulen. Die Themen gestalten sich um neue aber auch Basistechniken und Produktwelten. Zudem entstehen hier Foto- und Filmproduktionen und die Location kann für Veranstaltungen genutzt werden. Ein weiteres wichtiges Betätigungsfeld ist die Erforschung und der Test neuer Produkte und Geräte.

**Die Räumlichkeiten:** Über eine Einfahrt betritt der Gast das Centre Port Culinaire. Zunächst befindet man sich im hauseigenen Shop, wo Produkte der Edition Port Culinaire teils zu Sonderpreisen angeboten werden. Aber auch Produkte unserer Partner stehen hier zum Verkauf. Herz des Zentrums ist die Seminarküche mit bestens ausgestatteter Küchenzeile und zwei frei stehenden Küchenblöcken. Im Loftstil präsentiert sich die Küche ausschließlich mit Premium-Edelstahlgeräten der Marke KitchenAid. Von hier öffnet ein Panoramafenster den Blick in den Innenhof mit Teich. Angegliedert ist die Weinbar, gleichzeitig das Bistro für die Kurse und das ideale Ambiente für Weinseminare. Das "Foreign Office" bietet einen wohnlich ausgestatteten Seminarraum mit bester Präsentationstechnik. Zudem kann die große Tafel auch festlich mit Silber von Robbe & Berking und feinstem Porzellan von ASA Selection für kulinarische Anlässe eingedeckt werden.

**FRAGEN SIE AN: WWW.PORT-CULINAIRE.DE**

## BEZUGSQUELLEN (Sortiert nach PLZ)

Port Culinaire erhalten Sie im Buchhandel, Internet Buchhandel und am Premiumkiosk (in Bahnhöfen, Flughäfen, Citylage) sowie direkt im Port Culinaire Shop auf www.port-culinaire.de. Zudem finden Sie uns bei folgenden Fachhändlern:

Kochlust / Die kulinarische Buchhandlung
Alte Schönhauser Str. 36/37
10119 Berlin-Mitte
www.kochlust-berlin.de

Biolüske
Frank Lüske
Drakestraße 50
12205 Berlin
www.biolueske.de

Sansibar Catering
Straßburger Str. 84
28211 Bremen
www.sansibar-catering.de

Küche & Design Kapfer GmbH
Heinrichstraße 14
36037 Fulda
www.kapfer.bulthaup.de

Frank Petzchen, Kochbücher & Kochseminare
Benrather Straße 6 /
am Carlsplatz
40213 Düsseldorf
www.frankpetzchen.de

BOS Food GmbH
Grünstraße 24 C
40667 Meerbusch
www.bosfood.de

lecker werden GmbH
Ruhrtalstraße 19a
45239 Essen
www.leckerwerden.de

Espresso-Store in der Kleinmarkthalle
Hasengasse 5
60311 Frankfurt am Main
www.espresso-store.de

TOSCANA – Der Weinladen
Herta & Sieghard Schneider
Große Maingasse 6
63500 Seligenstadt a. M.
www.toscana-der-weinladen.de

OlioCeto Frank Mayer
Kirchgasse 35-43
65183 Wiesbaden
www.olioceto-wiesbaden.de

TABACUM
Vorsteigstr. 1
70193 Stuttgart
www.tabacum.de

Fisch-Birkl e.K.
Nikolai Tomschiczek
Bahnhofstraße 24
83043 Bad Aibling

lebensart…alles Küche
Marcus Fußstetter
Kirchhofplatz 9
83512 Wasserburg am Inn
www.fussstetterkueche.de

### Österreich

Babette's Spice and Books for Cooks
Schleifmühlgasse 17 / Mühlgasse 9
A-1040 Wien, Austria
www.babettes.at

zumKochen –
Mag. Renate Wurzer
Theodor-Körner-Straße 37
A-8010 Graz
www.zumKochen.at

## WERDEN SIE PORT CULINAIRE FACHHÄNDLER

Möchten Sie unseren kulinarischen Sammelband in Ihr Sortiment aufnehmen? In Ihrem Hotel, Restaurant, Feinkostgeschäft, Küchenstudio oder auch in Ihrem Online-Shop verkaufen? Sehr gerne! Wir erstellen Ihnen ein individuelles Angebot und unterstützen Sie bei Ihren Verkaufsaktivitäten. Senden Sie uns einfach eine E-Mail: bestellung@port-culinaire.de oder rufen Sie uns an: +49 (0) 221 – 56 95 94 21

Einsunternull
Andreas Rieger, Ivo Ebert

Nobelhart & Schmutzig
Micha Schäfer, Billy Wagner

## PORT CULINAIRE NO. FORTY-TWO

**Erscheint im Juni 2017.**

- Esben Halmboe Bang, Maaemo in Oslo
- Australien / Tasmanien
- Thailand
- Junge Berliner Avantgarde
- … und vieles mehr

# KULINARISCHER SAMMELBAND

Seit Ausgabe No. TWENTY-NINE 164 Seiten oder mehr • 24 x 28 cm • 19,90 EUR (D) • erscheint viermal jährlich • Herausgeber und Fotograf: Thomas Ruhl • fast alle Ausgaben bleiben langfristig lieferbar

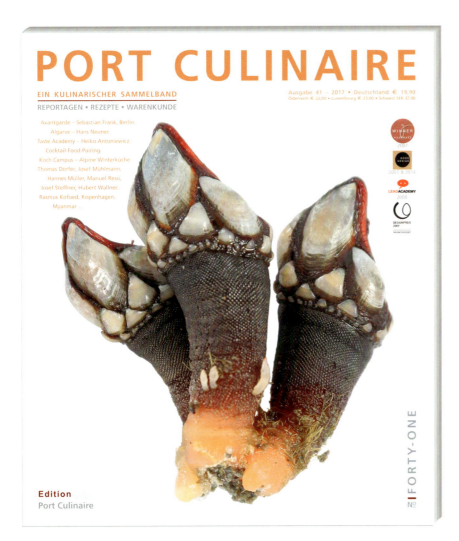

# ABONNEMENT

### AZUBI-ABONNEMENT – UNSERE AUSBILDUNGS-UNTERSTÜTZUNG MIT RUND 30 % PREISVORTEIL

4 Ausgaben zum Preis von 60,00 € (D)
(Ausbildungnachweis erforderlich)

### JAHRES- ODER GESCHENK-ABONNEMENT – LIEFERUNG BEQUEM FREI HAUS

4 Ausgaben zum Preis von 79,60 € (D) und Sie erhalten bei Bestellung die Möglichkeit, alle bisherigen Ausgaben (No. 1–40) zum Sonderpreis von 15,00 € (D) zu bestellen.

### PROFI-ABO – RUND 50 % PREISVORTEIL!

Ihr seid 6 Köche, 6 Freunde, 6 Wissenshungrige? Ein Chef der seine Crew weiterbilden möchte? Oder Ihr möchtet Port Culinaire in eurem Shop verkaufen? Dann abonniert jetzt Port Culinaire für 9,90 € (D) zzgl. MwSt. statt 19,90 € je Stück.

#### So funktioniert's:
- Online abonnieren unter www.port-culinaire.de
- Mindestens 6 Magazine je Ausgabe für mindestens 1 Jahr = 4 Ausgaben
- Sammellieferung und -Rechnung. Ihr teilt Euch die Kosten auf.
- Auf der Rechnung ist jeder aufgeführt und kann so seinen Anteil steuerlich geltend machen.
- **Bonus!** Mit der ersten Lieferung gibt es je 1 Exemplar der Vorgängerausgabe gratis.

# WWW.PORT-CULINAIRE.DE

# WARENKUNDEPOSTER

Fotograf/Gestalter: Thomas Ruhl • Format: DIN A1 (59,4 x 84 cm) • **je EUR 14,90 (D)**

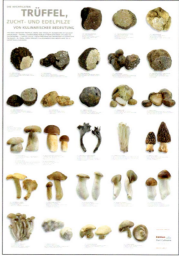
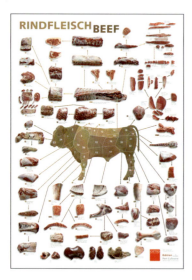

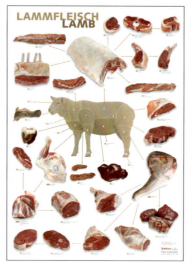

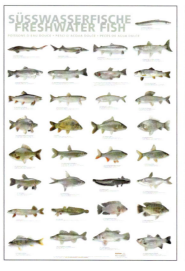

Warenkundeposter Trüffel, Meeres- und Süßwasserfische sowie Meeresfrüchte sind mehrsprachig gestaltet Sprachen: D / GB / F / I / E / LAT

Essbare Blüten, Geflügel, Rind-, Schweine- und Lammfleisch: D / GB

Küchenkräuter und Alte Apfel- und Birnensorten sind deutschsprachig

## ARCHE NOAH KOLLEKTION

**Kohl & Kohlrüben • Mangold • Topinambur • Bunte Beten • Bunte Karotten • Kartoffeln**

Fotograf/Gestalter: Thomas Ruhl • Format: jeweils 42 x 59,4 cm / DIN A2 • Edition Port Culinaire, 2013 • **Setpreis 6 Motive EUR 19,90 (D)**

## FASHION

Unsere Textilien sind aus 100 % Baumwolle.

**Kochjacke**
gesticktes Port Culinaire Logo oberhalb der Brusttasche, mit Druckknöpfen und Ärmeltasche
Größen: M–XXXL
Auf Wunsch mit Namensbestickung!
**EUR 59,00 (D)** ohne Bestickung
**EUR 79,00 (D)** mit Bestickung

**Kinderkochschürze "Leckere Beute"**
Universalgr. 50 x 65 cm
**EUR 12,00 (D)**

**Herren T-Shirt**
schwarz, weiß oder rot
Größen: auf Anfrage
**EUR 15,00 (D)**

**Kochschürze "Leckere Beute"**
Universalgr. 60 x 80 cm
**EUR 16,00 (D)**

---

**Impressum**

Port Culinaire erscheint viermal jährlich in der Edition Port Culinaire
Inh. Thomas Ruhl
Werderstraße 21 • D-50672 Köln
Tel. +49 (0) 221 – 56 95 94-0
info@port-culinaire.de
www.port-culinaire.de

Herausgeber: Thomas Ruhl

Freie redaktionelle Mitarbeiter:
Ralf Bos, Klaus Buttenhauser,
Jürgen Dollase, Evert Kornmayer,
Dr. Nikolai Wojtko

Redaktionsleitung: Thomas Ruhl

Fotografie: Thomas Ruhl, falls nicht gesondert vermerkt

Art Direction: Petra Gril

Layout: Mila Nürnberg, Petra Gril

Produktionsleitung / Schlussredaktion:
Carola Gerfer-Ruhl

Anzeigen, Promotions, Kooperationen:
Edition Port Culinaire, Thomas Ruhl
Adresse siehe oben

Vertrieb Gastronomie und Gewerbe:
Edition Port Culinaire, Köln

Vertrieb Buchhandel:
Verlag Gebr. Kornmayer GbR
Behringstraße 1–3
D-63303 Dreieich
Tel. +49 (0) 60 74 – 48 34 17-0
www.kornmayer-verlag.de

Vertrieb Presse:
DPV Deutscher Pressevertrieb GmbH,
Hamburg, www.dpv.de

Abonnement:
79,60 EUR für 4 Ausgaben
jährlich inkl. 7% MwSt. (Deutschland)

ISBN 978-3-942051-89-7

Druck:
D+L Printpartner GmbH
Schlavenhorst 10
D-46395 Bocholt
www.dul-print.de

# BÜCHER DER EDITION PORT CULINAIRE

**Edition Port Culinaire**

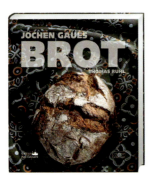

**Das ultimative Brotbuch**

**Jochen Gaues – Brot**
Fotografie: Thomas Ruhl
208 Seiten, 24 x 28 cm
ISBN: 978-3-7716-4605-9
**EUR 29,99 (D)**

Jochen Gaues ist der bekannteste Bäcker Deutschlands. Die besten Restaurants zählen zu seinem Kundenstamm. Das

kommt nicht von ungefähr, denn sein Brot ist einzigartig. Wer einmal davon gekostet hat, der weiß, wie gutes Brot schmecken muss!
Erstmals dokumentiert Jochen Gaues nun was zu tun ist, um ein Brot zu backen, das wie aus seiner Hand schmeckt. Eine Sammlung von seinen besten Rezepten ist dabei entstanden, die das Geheimnis um Oxbrot & Co lüftet.

Weiterführend geht es in diesem Buch auf eine Reise durch die Brotgeschichte. Neben der umfassenden Warenkunde verschiedener Getreidesorten, zeigt sich das Brot als jahrtausendealtes Kulturgut und als fester Bestandteil von Volksglauben und Religion. Diesen Ausführungen folgt Wissenswertes über einzelne Brotsorten inklusive ihrer Rezepte.

**Christian Bau – 10 Jahre Baukunst**
Fotografie: Thomas Ruhl
100 Seiten, 24,5 x 34,5 cm
ISBN: 978-3-9817525-0-2
**EUR 19,90 (D)**

**Auch handsigniert erhältlich!**

**Fermentation – Heiko Antoniewicz**
Autoren: Heiko Antoniewicz, Thomas Ruhl & Michael Podvinec
Fotografie: Thomas Ruhl
256 Seiten, 26 x 32 cm
ISBN: 978-3-7716-4565-6
**EUR 69,- (D)**

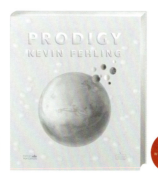

**Prodigy – Kevin Fehling**
Fotografie: Thomas Ruhl
312 Seiten, 24 x 28 cm
ISBN: 978-3-7716-4544-1
**EUR 69,- (D)**

**Karlheinz Hauser**
Rezepte – Konzepte – Geschichten – Philosophie
Foodfotografie: Thomas Ruhl
288 Seiten, 24 x 28 cm
ISBN: 978-3-7716-4542-7
**EUR 69,- (D)**

# BÜCHER AT VERLAG

**Es lebe die Klassik – Jörg Müller**
Fotografie: Thomas Ruhl
204 Seiten, 24 x 28 cm
ISBN: 978-3-86528-742-7
**EUR 39,90 (D)**

**Mein kulinarisches ABC**
Ralf Bos
Illustrationen/Collagen: Thomas Ruhl
192 Seiten, 16 x 20 cm
ISBN: 978-3-7716-4505-2
**EUR 19,95 (D)**

**Himmel und Erde – Jürgen Dollase**
Autor: Jürgen Dollase
Fotografiert von Thomas Ruhl
Produziert von AT Verlag, 2014
304 Seiten, 18 x 26,5 cm
ISBN 978-3-03800-814-9
**EUR 39,90 (D)**

**Kopf und Küche – Jürgen Dollase**
Autor: Jürgen Dollase
Fotografiert von Thomas Ruhl
Produziert von AT Verlag, 2015
320 Seiten, 18 x 26,5 cm
ISBN 978-3-03800-875-0
**EUR 39,95 (D)**

# ANGEBOTE

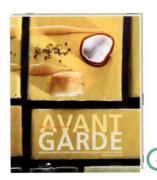

**Avantgarde**
Autoren: Ralf Bos & Thomas Ruhl
Fotografie: Thomas Ruhl
176 Seiten, 24 x 28 cm
ISBN: 978-3-7716-4386-7
EUR ~~29,95~~ (D) Jetzt nur EUR 16,- (D)

**On fire – Grillen für Gourmets**
Autoren: Thomas Ruhl,
Wolfgang und Stephan Otto
Rezepte: Nils Jorra
Fotografie: Thomas Ruhl
256 Seiten, 24 x 28 cm
ISBN: 978-3-7716-4546-5
EUR ~~49,95~~ (D)
Jetzt nur EUR 19,99 (D)

**Gemüse aus dem Bauerngarten**
Vergessene und besondere Sorten
Gerichte von deutschen und
internationalen Starköchen wie z.B.
Eneko Atxa, Massimo Bottura,
René Redzepi, Jonnie Boer u.v.m.
Autor/Fotograf: Thomas Ruhl
256 Seiten, 24 x 28 cm
ISBN: 978-3-7716-4545-8
EUR ~~49,95~~ (D) Jetzt nur EUR 19,99 (D)

**Die neue regionale Küche**
Autor/Fotograf: Thomas Ruhl
Mit Rezepten von Sterneköchen
240 Seiten, 24 x 28 cm
ISBN: 978-3-87515-052-0
EUR ~~69,90~~ (D) Jetzt nur EUR 19,99 (D)

**Kräuter Kressen Sprossen**
Autor/Fotograf: Thomas Ruhl
Mit Rezepten von Sterneköchen
240 Seiten, 24 x 28 cm
ISBN: 978-3-87515-044-5
EUR ~~69,90~~ (D) Jetzt nur EUR 29,- (D)

**Trüffel und andere Edelpilze**
Autoren: Ralf Bos & Thomas Ruhl
Fotografie: Thomas Ruhl
312 Seiten, 24 x 28 cm
ISBN: 978-3-7716-4581-6
EUR ~~69,-~~ (D) Jetzt nur EUR 49,- (D)

**DIE SEE – Meeresfische & DIE SEE 2 – Meeresfrüchte**
Fotografie: Thomas Ruhl
Umfang je 312 Seiten, 24 x 28 cm
ISBN: 978-3-86528-235-4
ISBN: 978-3-86528-281-1
je EUR ~~64,-~~ (D) Jetzt nur EUR 32,- (D)
statt gesamt EUR ~~128,-~~ (D) Jetzt im Set EUR 49,50 (D)

## CHEFS®EVOLUTION

**Magazin CHEFS®EVOLUTION No. ONE–THREE**
Das Magazin zum Event
By Jonnie & Thérèse Boer
und Edition Port Culinaire
164 Seiten, 24 x 28 cm
Sprachen: NL / GB
je EUR 19,90 (D)

## WEIN & APFEL-EDELBRAND

**Zwei Seelen**
Pinot Blanc und ein
Hauch trockener
Riesling.
Exklusiv gemacht aus
Nahe Wein vom
Weingut Tesch nach
Zunge und Nase von
Port Culinaire.
12,0 % VOL. ALC.

Ein ordentlicher Liter:
EUR 9,90
**Nur im 6er Pack zu
EUR 59,40 (D) erhältlich.** Zzgl. 6,- EUR
Versand

**Alte Sorten –
Apfel-Edelbrand**
Gewürzluike und
Goldparmäne im
Kastanienholz
und altem Barrique
gereift.
42 % VOL. ALC.
Limited Edition,
limitiert/nummeriert
1/32 – 32/32
Lieferung in einer
Holzkiste.

**1,5 Liter Magnumflasche EUR 138,- (D)**
(92,- EUR / Liter)

# Freitag, 5. Februar 2016, Rangun, Myanmar
## Das verschlossene Land

Wir haben unsere Reise mit dem luxuriösesten Kreuzfahrtschiff der Welt auf Sri Lanka begonnen, sind quer durch den Golf von Bengalen gefahren, haben die indische Inselgruppe der Andamanen besucht und fahren nun durch die Andamanensee in Richtung Irrawaddy Delta. An dessen östlichem Rand Rangun, oder Yangon, die größte Stadt Myanmars liegt. Aus dem Himalaya kommend zwängt sich dieser Strom durch enge Täler, mäandert durch das Flachland und ergießt sich schließlich nach rund 2200 Kilometern in einem gewaltigen Delta ins Meer. Mit seinen Sedimenten schiebt der Fluss dieses jedes Jahr etwa 60 Meter weiter in die See hinaus. Landgewinnung. Die Reisbauern in der verzweigten Flusslandschaft danken es ihm. Doch das ist kein wirklicher Grund zur Freude, denn der gewaltige Sedimenteintrag ist relativ jung und Folge der massiven Abholzung der Regenwälder im nördlichen Bergland. Immer neue Sandbänke tauchen auf und stellen eine ernste Bedrohung für die Schifffahrt dar. Weit draußen, dort wo Fischerflöße bis zum Horizont Spalier bilden, ist die See noch klar und blau, wechselt dem Land im Golf von Martaban näherkommend aber rasch ins trübe Grün. Bei der Einfahrt zum Hafen, der weit vor den Toren der Stadt liegt, fließt träge eine undurchsichtige ockerfarbene Brühe. Eine Mischung von Schlamm und Algen, die von den Schrauben der großen Schiffe immer neu aufgequirlt wird. Gewaltige Spezialtransporter der Autoindustrie ziehen in Richtung Japan an uns vorbei. Ebenso kleine Frachter, Seelenverkäufer und traditionelle Holzboote. Dazwischen Fischerkähne denen kräftige Motoren ordentlich Fahrt verleihen. Dieses Gewässer ist kein direkter Teil des Irrawaddy Flusssystems. Sein Brackwasser wird vom Yangon und vom Bago Fluss, welche die Stadt begrenzen, und dem Meer gespeist. Die Fischer und Reisbauern im Dörfchen am Ufer lassen Armut erkennen. Die tropisch feuchte Luft, wir haben 35 Grad, ist von Dunst geschwängert und riecht nach den Reisstrohfeuern, die überall auf den abgeernteten braunen Feldern zu sehen sind. Haine mit satter, tropischer Vegetation lockern das Panorama auf. Die Bauern haben gelernt, weitgehend autark zu wirtschaften, und die meisten ohne elektrischen Strom. Unter der Militärherrschaft, die ab 1962 bestand, wurde das Land heruntergewirtschaftet und isoliert. Nicht zuletzt durch strenge internationale Handelsblockaden. Erst nachdem im Februar 2011 ein ziviles Staatsoberhaupt eingesetzt wurde, erwachte Myanmar aus seinem Dornröschenschlaf, öffnete sich und wurde wieder zugänglich. Letztlich hat immer noch das Militär das Zepter in der Hand, doch der Demokratisierungsprozess schreitet voran. Wesentlicher Motor dieser Bewegung ist die Politikerin und Friedensnobelpreisträgerin Aung San Suu Kyi. Auch für die MSE 2 ist dies die Jungfernfahrt ins ehemalige Burma oder Birma wie es die Europäer nannten. Myanmar hat dieselbe Bedeutung. Genau wie Bamar oder Bama bezeichnet es die stärkste Ethnie des Staates. Das Land ist touristisch noch relativ unerschlossen, was die Reise hierher besonders reizvoll macht. Hier werden wir dem Charme des ursprünglichen Südostasiens begegnen. Seinen bunten Märkten, märchenhaften Tempeln und dem Lächeln seiner Menschen.

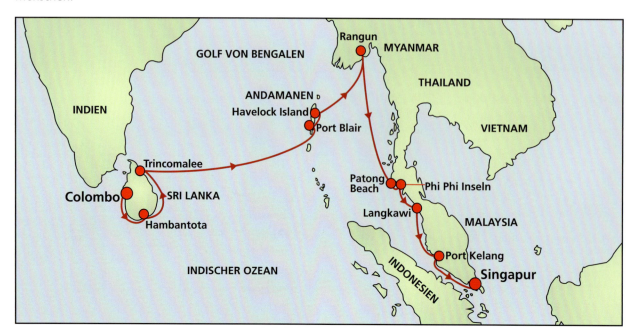

# COLOMBO – SINGAPUR VOL. II
## Das kulinarische Tagebuch einer Kreuzfahrt mit der MS Europa 2

**THOMAS RUHL**

1. Die Europa auf Reede.
2. Früh morgens am Pool.
Großes Foto: Eine burmesische Tanzgruppe tritt im Theater der MS Europa auf.

# MYANMAR

## Welt aus Gold

Am frühen Nachmittag erreichen wir unseren Liegeplatz im Thilawa Industrial Port. Zwar ist der Yangon Trichter an der Einfahrt gut neun Kilometer breit und zehn Meter tief, doch hier nahe Rangun wird es schmal und wir sind extrem tidenabhängig, können nur mit Hochwasser ein- und auslaufen. Mit drei Metern Wasser unterm Kiel legt das elegante Schiff an. Bei unserem ersten Landgang ist der Ausstieg wie gewohnt bequem über die Gangway nach unten machbar. Am nächsten Morgen dann die Überraschung. Bis zu sechs Meter Tidenhub haben zugeschlagen. Und der Ausstieg befindet sich weit unterhalb der Kaimauer. Die Crew hat aus Paletten eine Stiege nach oben gezimmert. Die Gäste nehmen das mit viel Humor. Normalerweise stellt der Hafen in solchen Fällen eine entsprechende Gangway bereit, aber die gibt es hier einfach nicht. Auf Besuche von Kreuzfahrtschiffen ist der Hafen deutlich nicht vorbereitet. Immerhin sind sechs junge Damen und Herren der "Tourist" Police aufgeschlagen und bewachen freundlich lächelnd unsere Ankunft. Mit einem kleinen Bus geht es in die Stadt Rangun zu einer der drei großen bedeutenden Pagoden der City. Die 5,2 Millionen Stadt war bis 2005 Hauptstadt. Der Regierungssitz befindet sich heute in Naypyidaw, weil die Lage dieser Stadt zentraler sei – so die offizielle Verlautbarung. Dass gewisse Leute sich an den notwendigen Neubauten nur bereichern wollten ist ein manchmal leise zu vernehmender "Rumor".

Die Ursprünge Ranguns gehen bis in das fünfte Jahrhundert vor Christus zurück. Einst lag sie im Herrschaftsbereich des Mon Volkes bis ein Birmanischer König sie 1755 eroberte. Sinnigerweise taufte er sie von Dagon in Yangon um, was so viel wie Ende des Streits bedeutet. Im 19. Jahrhundert fiel die Stadt unter britische Herrschaft. 1930 setzten ein Erdbeben und ein Tsunami der Stadt furchtbar zu. Kurz darauf, im zweiten Weltkrieg führten dann japanische Besatzer die Qualen fort. 1948 entließ Großbritannien Burma in die Unabhängigkeit und Rangun wurde Hauptstadt des jungen Landes.

Wir kommen ins Stadtgebiet und eins fällt sofort auf. Hier knattern anders als in anderen asiatischen Metropolen keine Tuk-Tuks und keine Mopeds. Die sind verboten, seit der Sohn eines Militärkommandanten bei einem Unfall

ums Leben kam. Dafür aber haben die Japaner die Stadt wieder besetzt. Mit neuen Autos. Noch etwas springt sofort ins Auge. Fast alle Kinder, Mädchen und Frauen, auch manche Männer haben sich mit Thanaka Paste bemalt. Sie ist eine Art natürliche Kosmetik und schützt die Haut vor Alterung, wirkt kühlend und gegen UV-Strahlung. Besonders junge Mädchen geben sich bei der Bemalung ihres Gesichts große Mühe. Geometrische Formen auf der Wange scheinen sehr beliebt. Die cremeweiße Paste wird aus dem Holz des indischen Holzapfelbaums oder einer Art der Orangenraute mit einfachen Mitteln hergestellt. Ein Stück dieses Holzes reiben die Burmesen über eine benetzte Steinplatte der Kyauk Pyin und schon bildet sich der Brei.

Unser Tour Guide erklärt, sein Name sei Montag. Familiennamen kennt die Sprache der Burmesen nicht, und Namen werden auch nicht vererbt, sondern individuell vergeben. Oft erhält der Sprössling einfach den Wochentag, an dem er geboren wurde, als Name oder man benennt ihn nach einem Wunsch, den man ihm angedeihen lassen möchte. Schönes langes Leben oder Gesundheit und Glück.

Mittlerweile ist die Nacht hereingebrochen und wir erreichen unser Ziel, die Shwedagon Pagode. Der wichtigste Tempel der Stadt und ihr religiöses Zentrum. Auf dem Ausläufer einer Bergkette gelegen überragt die berühmte Stupa weithin golden leuchtend die Metropole.

Die Kunst des Stupabaus entstammt der Anlage archaischer Grabhügel und wie diese sind sie nicht hohl, nicht begehbar. Sie symbolisieren die Lehren Buddhas und werden von den Gläubigen im Uhrzeigersinn andächtig umwandert. Aufzeichnungen zufolge wurde die Tempelanlage schon vor der Geburt Buddhas bzw. des Prinzen Siddhartha errichtet. Damit wäre seine Basis über 2.500 Jahre alt. Der Weg hinauf in den heiligen Bereich, barfuß natürlich, so wie es sich gehört, führt über vier Treppenanlagen und vorbei an Verkaufsständen mit exotischen Artefakten; Glücksbringer, Buddha-Statuen, Bücher, Blumen. Oben angelangt öffnet sich eine Zauberwelt. Auf einer 60.000 Quadratmeter großen Marmorplattform prunkt die Hauptstupa in der Mitte umgeben von 60 kleineren und vier etwas mächtigeren, welche die Himmelsrichtungen anzeigen. Dazu zahllose Schreine und Buddhafiguren. Alles glänzt in Goldtönen. Dazwischen funkeln Edelsteine. Die Besucher tauchen ein in die Gelassenheit des Buddhistischen, eine friedliche Aura schwebt über dieser heiligen Zauberwelt des sanften, südostasiatischen Buddhismus. Die jungen Mädchen und Damen haben sich in eleganter landestypischer Kleidung herausgeputzt; junge Männer zeigen sich eher lässig westlich. Es wird gebetet, ein bisschen geopfert, ein bisschen herumgelungert und natürlich werden Selfies geknipst. Zum Posten nutzen sie, es sind vorwiegend Mädchen, das Tempel W-LAN. The holy connection is free.

# RANGUN / YANGON
# SHWEDAGON PAGODE

1. Die Touristenpolizei.
2. / 3. Abendlicher Ausflug in die heilige Welt.
Großes Foto: Opfergaben an der "Mittwochmorgen Ecke".

Und überall Mönche und Nonnen mit kahlrasiertem Schädel und rostrotem Gewand. Altrosa ist es bei den Damen. Das Mönchsdasein betreibt der Burmese als Teilzeit- oder Fulltime Job. Jeder Junge hier war wenigstens für ein paar Tage im Kloster oder man geht in den Ferien ein wenig Mönch spielen. Kündigen lässt sich dieser Job jederzeit und der Kandidat kann sich jederzeit selbst wieder einstellen. Aber der Job ist nicht leicht. Strenge Sitten: Früh aufstehen, dann betteln gehen, kein Problem, denn jeder gibt was, und ab 12 Uhr fasten. Ich frage einen Mönch, der wie Buddha selbst vor einer Buddha Statue sitzt, ob ich ihn fotografieren darf, mit Handzeichen. Er lächelt zustimmend. Nach der Aufnahme winkt er mich zu sich hin und schenkt mir zwei Bonbons. "Classic Series" steht darauf, ganz klein unter für mich völlig unleserlichen Zeichen der "Birma Schrift".

Zurück an Bord, nach einem kleinen Essen in der Sansibar, besuchen wir eine Myanmar Folkloreshow im Theater des Schiffs. In absoluter Perfektion, grazil und anmutig zeigen hübsche junge Damen in traditionellen Gewändern Tänze wie aus Tausendundeine Nacht. Es geht um Liebeswerben, Glaube und das tägliche Leben.

## Samstag 6. Februar 2016, Syriam, Myanmar
### Märkte und Garküchen

Heute werden wir uns den ganzen Tag in ein paar kleinen Städtchen außerhalb Ranguns herumtreiben. Ein paar Kilometer vor den Toren der Großstadt liegt der Ort Thanlyin, früher Syriam genannt.
Die Hafenstadt war einst Burmas wichtigstes Tor zur Welt bis ihr ein neuer Tiefseehafen diesen Rang ablief. Syriam machte Ende des 16. Jahrhunderts zum ersten Mal von sich Reden, als der portugiesische Söldner Filipe de Brito e Nicote gemeinsam mit dem König von Arakan Pego in der Gegend plündernd und mordend umherzog und Syriam eroberte. Doch die Arakaner waren nur Mittel zum Zweck, um die Gegend für Portugal zu erobern. Berühmt ist auch sein missglückter Versuch, eine gewaltige Glocke, Beutegut das er zur Shwedagon Pagode schaffen wollte, über den Fluss zu transportieren. Das Boot kenterte und das Prunkstück liegt bis heute irgendwo tief im Schlamm. 1613 eroberte ein Birmanischer König die Stadt zurück und ließ den portugiesischen Übeltäter pfählen. Von dieser stürmischen Vergangenheit ist nichts mehr zu spüren. Syriam ist eine entspannte Stadt mit interessanten Märkten, voll von für uns ungewöhnlichen Produkten und Menschen, die uns zulächeln. In kleinen Garküchen werden

Nudeln und Reisgerichte angeboten und Suppen mit vielfältigen Einlagen, die zum leichteren Verzehr auf Holzspießchen stecken. Meeresfrüchte und Fleisch – das in der Brühe nicht durchkocht, sondern nur zart gart. Garnelen hat man mit Reisnudeln umwoben knusprig ausfrittiert. Das scheint ein begehrter Knabberartikel zu sein.
Myanmar ist geprägt von ganz unterschiedlichen Landschaftsbildern. Das fruchtbare flache und breite Tal des Irrawaddy ist von gewaltigen Gebirgen umsäumt. Bis zu 3000 Meter ragen diese empor. Im Norden an den südlichen Ausläufern des Himalaya erhebt sich mit fast 5900 Metern der höchste Berg Südostasiens der Hkakabo Razi. Entsprechend dieser Landschaften mit ganz unterschiedlichen klimatischen Bedingungen ist das Nahrungsangebot sehr breit gefächert. Aus den Flüssen kommen vor allem Welse und Karpfen, aus dem Meer Riesengarnelen, Krabben, Langusten und allerlei Fisch. Hähnchen und Schweinefleisch sind für Currys und Gegrilltes sehr beliebt. Gemüse und Obst zeigt sich in diesem subtropischen Klima das ganze Jahr üppig im Angebot. Wenngleich in der burmesischen Küche Einflüsse der Nachbarstaaten Thailand, China und Indien zu finden sind, hat sie doch einen ganz eigenen Stil. Eine typische burmesische Malzeit besteht aus einem Ensemble sich ergänzender kleiner Gerichte. Reis ist dabei wie in ganz Südostasien die wichtigste Beilage neben Nudeln, die in Suppen und Salaten zu finden sind. Suppen kommen sämig aus Gemüse oder klar oft aus Fischbrühe auf den Tisch. Die Mohinga Suppe ist sehr beliebt, ihre Einlagen sind Fisch, Gemüse und Nudeln. Kurz gekochtes Gemüse und Dips auf der Basis fermentierter Shrimps oder Fisch sind ebenfalls Bestandteil jedes ordentlichen Essens. Generell ist die Küche Myanmars nicht so scharf wie die in Thailand und die Würze nicht so komplex wie in Indien. Das zeigt sich besonders bei den Currys, die gerne mit dem Mehl der Kichererbsen oder mit gemahlenen Erdnüssen gebunden werden. Sehr typisch ist der Salat Laphet Thoke aus fermentierten Teeblättern (ersatzweise Kimchi) und dem was man gerade noch so zur Verfügung hat. Alles mit der Hand gemischt und gegessen. So schmeckt es am besten, sagt man hier.

1. / 2. Marktstände.
3. Restaurant und Shop in einem.
Großes Foto: Auf dem Markt in Thanlyin,
dem früheren Syriam.

# EINTAUCHEN IN DAS LEBEN DER BURMESEN

# Mohinga
**Traditionelle burmesische Fischsuppe**

3 Zwiebeln • 3 EL Öl • 4 Knoblauchzehen, zerdrückt • 1 Stück Ingwer • 1 Zitronengrasstange • 1 TL Chilipulver • 1 TL Kurkuma • 1 1/2 Liter Wasser • 90 ml Fischsauce • 4 EL Reismehl • 450 g Fisch (Wels) • 450 g Reisnudeln

Eine Zwiebel fein würfeln. Öl in einem großen, hohen Topf erhitzen. Zwiebelwürfel, Knoblauch, kleingeschnittenen Ingwer und Zitronengras auf mittlerer Hitze anbraten. Chilipulver und Kurkuma hinzufügen. Das Mehl mit etwas Wasser glatt rühren und mit dem Wasser und der Fischsauce in den Topf geben. Die restlichen Zwiebeln vierteln und ebenfalls beifügen. Die Suppe gut durchrühren, salzen und pfeffern. Wenn die Flüssigkeit merklich dicker wird, bei reduzierter Hitze 20 Minuten köcheln lassen.

Den Wels in kleine Stücke schneiden, salzen und pfeffern und in die Suppe geben, gut umrühren und weitere 10 Minuten köcheln lassen. Die Nudeln in Salzwasser kochen, bis sie gar sind, dann in der Suppe servieren. Als Beilagen werden hartgekochte Eier, Frühlingszwiebeln, grüne Bohnen und frittierter Kürbis serviert.

## Laphet Thoke
**Salat mit fermentierten Teeblättern oder Kimchi**

70 g Laphet (fermentierte Teeblätter, alternativ Kimchi) • 200 g Chinakohl • 80 g frittierte Hülsenfrüchte • 40 g Erdnüsse • 2 Frühlingszwiebeln • 2 Tomaten • 10 g frischer Ingwer • 1 Handvoll Korianderblätter • 4 EL Erdnussöl • 1 Limette • 2 EL Fischsauce

Frühlingszwiebeln, Tomaten und Chinakohl würfeln bzw. klein schneiden und in eine Schüssel geben. Ingwer schälen, würfeln und mit Erdnüssen und Hülsenfrüchten anrösten. Laphet in die Schüssel geben und alles mit Erdnussöl, Saft der Limette und Fischsauce gut mischen. Die gerösteten Zutaten aus der Pfanne darüber streuen.

## Die Pagode am Fluss

Unser zweites Ziel liegt weiter in südöstlicher Richtung. Der buddhistische Wallfahrtsort Kyauktan mit der berühmten Ye Le Pagode. Auch hier in der Kleinstadt haben sich die Mädchen tüchtig fein gemacht und tauchen aus den engen dunklen Gässchen zwischen den Häusern auf wie Paradiesvögel. Sie warten auf ihre Freundinnen, auf Familienangehörige und vereinen sich zu einem Strom, der dem Flussufer zustrebt. Die Mädchen bleiben unter sich. Die Moralvorstellungen sind konservativ. Kein Sex vor der Ehe und Mädchen wohnen bis zur Hochzeit bei den Eltern. Auffallend ist die große Schar an Damen. Nur wenige Männer sind unterwegs. Wenn, dann als Teil einer Familie, die zum religiösen Ausflug nebst Picknick in der Pagode antritt. Es sind nicht nur Einheimische, die hierher pilgern. Einige Thais, die Grenze zu Thailand ist unweit, mischen sich unter die Besucher. Auch diese Pagode ist alt, sehr alt, denn König Bawgasena hat sie 300 Jahre vor Christus erbaut. Mitten auf einer Insel im Nebenfluss des Yangon River. Ihre Berühmtheit erlangte sie durch ein stetiges Wunder. Egal ob Hochwasser oder Tsunami. Nie wurde der heilige Ort überflutet. Es heißt, die fetten Welse, die sich im trüben Wasser rund um die Anlage tummeln, beschützen diese. Deshalb ist es üblich, als Besucher diese Pangasius zu füttern. Danke für den Schutz lieber Fisch.

Zur Pagode setzen wir in buntbemalten Kähnen über. Die sind voll bis zum Rand mit Besuchern gefüllt und begeben sich schaukelnd in die starke Strömung. Die Bootsführer, einheimische Fischer, die sich etwas zusätzliches Geld verdienen, stehen leicht gebückt am Heck und rudern sicher durch den dichten Pulk der Boote. Wir weißen Touristen besteigen die größere Luxusausführung mit Stuhlreihe und Sonnendach. Jetzt heißt es Schuhe aus und auf dem Boot lassen. Mein Gott, hoffentlich bekommen wir die zurück, ängstigt sich eine Dame. Keine Sorge, denke ich, dieser friedliche Ort duldet keine Schurken. Bezaubernd sind die Menschen hier. Langnasen bekommen die Burmesen hier auf dem Land selten zu sehen. Wir sind genauso exotisch für sie, wie sie für uns. Lächelnd und auf das Handy deutend geben junge Damen zu verstehen, dass sie mit uns fotografiert werden möchten. Die Idee wird von anderen aufgegriffen und wir lösen eine gut halbstündige Fotosession aus. Mich verwundert, wie offen die Menschen hier sind. Wildfremde junge Damen nehmen uns beim Posen sanft in den Arm und legen zart den Kopf auf unsere Schultern. Beeindruckende Erlebnisse mit beeindruckenden Bildern.

# WIR SIND EXOTEN

1. Im Land des Lächelns.
2. Wilde Flussfahrt.
3. Hier werden Eisblöcke verkauft.
Großes Foto: Warten auf das Übersetzen zur Pagode.

## Wein mit Eiswürfeln

Zurück an Bord. Im Prinzip gibt es auf der MS Europa 2 keine klassischen Etikette- oder Dinnerplanungen. Aber aufgrund der Beliebtheit der kleinen Restaurants sollte der Gast sich nicht auf den Walk-In Erfolg verlassen. Zum Abendessen haben wir einen Tisch im Restaurant Elements reserviert, einem der sechs Themenrestaurants neben dem Hauptrestaurant Weltmeere, alle unter Leitung von Küchenchef Willy Leitgeb. Das Elements ist asiatisch inspiriert. Der Stil der Einrichtung ist gradlinig und formalistisch wie der japanische Zen-Buddhismus. Braun-, Rot- und Schwarztöne bestimmen die Optik. Riesige Panoramafenster geben den Blick auf das Meer frei. Die Karte ist nach asiatischen Küchenstilen aufgebaut und kleine Chili Icons zeigen den Schärfegrad der Speisen an. Aus Thailand: Gebackenes rotes Thai Curry vom Hühnchen mit Koriander-Chutney. Aus Indien: Gelbes Lammcurry mit Kartoffeln, Auberginen und Chili oder aus Indonesien: "Soto Ayam", indonesische Geflügelsuppe mit Shiitake-Pilzen und Tofu. Das Team, wie gewohnt freundlich, jung und sympathisch, wenngleich wir auf dieser Reise das Gefühl haben, dass die Zusammensetzung besonders gut gelungen ist.

Der Job hier an Bord ist hart. Eine junge Servicemitarbeiterin erzählt, dass sie nun im fünften Monat auf dem Schiff sei und sich darauf freue, bald wieder ein paar Monate daheim zu verbringen. Fünf Monate an Bord bedeutet jeden Tag arbeiten, ohne eine freien Tag, bei rollierendem Einsatz, mal hier, mal dort. Die Mitarbeiter sollen alles lernen, alles können.

Später am Abend nehmen wir noch einen Drink auf der Außenterrasse der Sansibar am Heck der schönen Europa. Ich bestelle Weißwein aus Österreich. Ich liebe die Sauvignon Blancs und den Grünen Veltliner. 29 Euro kostet eine ganze Flasche Kamptaler Terrassen von Bründlmayer. Ein Sauvignon Blanc Steirische Klassik von Skoff ist zum gleichen Preis erhältlich. Nun, eine ganze Flasche muss es nicht sein. Ich bestelle eine kleine Karaffe und sehe mich gezwungen, Wein-Vandalismus zu betreiben und bestelle noch Eiswürfel. Die tropisch heißen Brisen pushen die Temperatur des gut gekühlten Weins in Windeseile auf ihr Niveau von 30 Grad Celsius. Ich habe also die Wahl: Schorle, Glühwein oder Sturztrunk. Schorle ist mir heute lieber. Also rein mit den Eiswürfeln ins Glas.

### Sonntag 7. Februar 2016, Myanmar – Thailand
### Einzug des Anthropozän

Am Vormittag haben wir noch einmal Gelegenheit, Rangun – offiziell Yangon – zu besuchen. Dafür stehen Bus Shuttles bereit, die uns Gäste im Herzen der City direkt an der Sule Pagode absetzen. Die Shuttles warten am Hafeneingang, ein Stückchen vom Liegeplatz entfernt. Da wir nicht durch den Hafen laufen dürfen, legen wir diese Kurzstrecke mit dem Taxi zurück. In Rangun ein übliches Beförderungsmittel, das aber über keinen Taxameter verfügt und dem Gast etwas Verhandlungsgeschick bei der Preisfindung abverlangt. US Dollar sind gern gesehen. An ATMs kann auch die Landeswährung Kyat gezogen werden. Nur beim Rücktausch hat man dann das Nachsehen. Wir erreichen die Sule Pagode; die ist nicht so pompös wie die Shwedagon Anlage. Eher was für den Alltag. Aber immerhin ist sie 2000 Jahre alt und beherbergt eine Buddha Reliquie. Eines seiner Haare. Am Bus Stop werden wir von jungen Damen empfangen, die uns Postkarten verkaufen wollen. Modisch westlich gekleidet, durchaus geschäftstüchtig, aber nicht aufdringlich. Direkt bei der Pagode ein kleiner Park, in dem Gruppen junger Menschen chillen oder spielen. Von diesem Punkt der Stadt aus lassen sich lohnenswerte Erkundungen in alle Richtungen starten.

Die Stadt ist quirlig. Und ethnisch stark durchmischt. Während der englischen Kolonialzeit gab es starke Zuwanderungsströme aus Indien und China, so stößt der Besucher auch auf ein indisches Viertel und ein kleines Chinatown. Entsprechend weist das Stadtbild Kultstätten unterschiedlicher Religionen auf. Neben buddhistischen Tempeln finden sich hinduistische und taoistische, zudem ein paar christliche Kirchen und über den Moscheen der malaysischen Einwanderer schallt der Ruf des Muezzin und dringt bis zur kleinen Musmeah Yeshua Synagoge. Konfliktlos funktioniert dieses Zusammenleben aber nicht. Konservative Elemente der Militärregierung, buddhistische Fundamentalisten, erließen diskriminierende Gesetze "zum Schutz von Religion und Rasse". Diese richteten sich hauptsächlich gegen die Rohingya, eine muslimische Minderheit. Brutale Gewalt, das Verbrennen von Dörfern bis zum Töten wurde so quasi legitimiert. Generell aber ist das Stadtbild durch Kolonialbauten geprägt. Die gibt es hier noch in großer Zahl. Der Dornröschenschlaf Yangons während der Militärdiktatur hat die Stadt vor den Sünden des Baubooms, wie er in den meisten anderen asiatischen Metropolen stattgefunden hat, bewahrt. Doch wie mag dieser Ort in zehn Jahren aussehen, jetzt da er für Investoren offen ist. Viel ist schon in japa-

# DAS MENSCHZEITALTER

1. Perfekter Service an Bord.
2. Fussball vor verfallener kolonialer Pracht.
3. Buddhistische Nonne. Ein sehnsüchtiger Blick in das Kleidergeschäft.
Großes Foto: Das Bordrestaurant Elements.

# KAPITÄN UND LOTSE

nischer Hand. Jetzt hält das Anthropozän auch hier Einzug. Das Menschzeitalter. Zum ersten Mal verändert nicht der Planet selbst das Klima und die Lebensbedingungen einschneidend durch Vulkanausbrüche, Eiszeiten oder Warmperioden, sondern eine Spezies: der Mensch. Und der versteht ebenso wenig davon und handelt genauso verheerend wie die Erde selbst. In Hunderttausenden von Jahren werden Forscher welcher Art auch immer auf eine geologische Schicht voller Müll stoßen. Sie werden sich fragen, warum diese in Myanmar erdgeschichtlich etwas später auftaucht als anderswo. Doch wollen wir hoffen, dass Yangon den Wert seiner zauberhaften Architektur erkennt und sie keinen Hochhausschluchten, Statussymbolen der eindringenden Wirtschaftsmächte, weichen muss. Lichtblicke sind augenscheinlich. An vielen Stellen wird die alte Bausubstanz renoviert. Denn freilich ist diesbezüglich aus Geldmangel in den letzten Jahrzehnten nichts passiert. Die alten Gebäude sind arg in Mitleidenschaft gezogen, was ihnen einen mondänen Charme und Shabby Chic verleiht. Kein noch so guter Kulissenbauer eines melancholischen Filmdramas hätte diese Szenerie besser bauen können.

Wie überall in Asien ist das Essen in allen Gässchen präsent. Street Food Minirestaurants und Bars alle paar Meter. Viele dieser kleinen Garküchen sind minimalisiert und ihr Equipment lässt sich mit dem Stab auf der Schulter an beiden Seiten hängend tragen. Ein Korb voll Zutaten, an der anderen Seite der "Waage" ein Suppentopf oder kleiner Grill. Wok-Pfannen brutzeln über Holzkohlegrills, die aus Autofelgen gefertigt wurden, und auf Tischgrills garen allerlei Fleischspieße. In den Straßenrestaurants sitzen die Gäste an Tischen und Plastikstühlchen, deren Größe vermuten ließe, das sie aus der Ikea Kinderabteilung stammten, wenn es denn hier ein solches Möbelhaus gäbe. Manche dieser Street Food Restaurants haben davon nur ein oder zwei Garnituren. Zwischen den zahlenden Gästen Mönche und Nonnen, die von den Eignern umsonst verköstigt werden. Die Szenerie ist quirlig. Viele Menschen wirken gehetzt. Die Gelassenheit des Abends in der Shwedagon Pagode ist vergangen. Hier geht es um Geld verdienen. Um das Überleben. Das bedeutet zumeist, irgendein eigenes Geschäft zu betreiben. Mit der Öffnung des Landes steigt die Hoffnung auf Wohlstand. Das Volk der Burmesen ist stark und zäh, und es ist stolz darauf, hart zu arbeiten. Beste Voraussetzungen, seine Lebensziele, welche das auch sein mögen, zu erreichen.

### Nimm mich mit Kapitän auf die Reise

Um 13 Uhr ist Landgangsende. Eine halbe Stunde später legt die Europa ab. Wir sind mit Kapitän Ulf Wolter auf der Brücke verabredet. Neben den eigenen Nautikern ist auch der Lotse an Bord. "Das Ablegen mache ich lieber selbst", erklärt Wolter "Die Beulen fahre ich mir lieber selber rein." Dann gibt der Lotse die Steuerbefehle, genau beobachtet vom Kapitän. Kann er ihm vertrauen? Wie gut ist er? In Bezug auf Lotsen habe er schon Abenteuerliches erlebt, erzählt Wolter. Da kommen welche mit Alkoholfahne und welche, die völlig inkompetent sind. In solchen Fällen entscheidet die Crew dann auch schon mal gegen die Vorgaben der Lotsen, die ohnehin nur beratend zur Seite stehen. Es herrscht zwar Lotsenpflicht, doch die Verantwortung bleibt immer beim Kapitän. Hier in der schwierigen Flussausfahrt leistet der Burmese aber beste Arbeit. Vor einigen Jahren war Ulf Wolter schon einmal hier in Rangun. Mit dem Hapag Lloyd Expeditionsschiff "Hanseatic", auf dem er zehn Jahre lang gefahren ist. "Das war mein Schiff", sagt er stolz. Sie ist wesentlich kleiner und konnte bis in die Stadt hineinfahren. Dazu ist die Europa 2 zu lang, kommt nicht durch die engen Flusskurven von der Stadt.

Jetzt ist die Europa 2 seit einigen Jahren sein Schiff. Zwei Kapitäne wechseln sich ab. Ein Schiff dauerhaft zu fahren, macht Sinn. Man kennt es bestens, weiß wie es reagiert und wie Seegang und Wind auf die Manöver einwirken. Und vielen Gästen ist man vertraut, denn viele Kreuzfahrer sind Wiederholungstäter. Ohnehin ist sein Job eine Mischung aus Seemann und Repräsentant. Der Gast erwartet Präsenz an Deck, einen Smalltalk und der ein oder andere Stammgast möchte hofiert werden. Wolter ist Kapitän mit Leib und Seele, stammt aus einer Reeder-Dynastie, die Küstenmotorschiffe besaß. Nicht zuletzt, da dieser Branche das Wasser bis zum Hals steht, entschied sich unser Kapitän für die Kreuzfahrerei. Und das macht er nun seit 2003. Aufgewachsen auf der winzigen 50 Seelen zählenden Elbinsel Krautsand hat er mittlerweile über 100 Länder besucht.

Nun sind wir auf dem Weg nach Thailand zum Patong Beach bei Phuket 550 Seemeilen entfernt. Aber das ist eine andere Geschichte.